생각 좀 하고 말해줄래?

항상
이기는
사람들의
워딩 파워
기술

생각 좀
하고
말해줄래?

| 황인선 지음 |

별글
붓처럼 빛나는글

　　제2차 세계대전을 앞둔 1930년대 미국의 우주 항공 및 안보 관련 업체 록히드 마틴 사에는 비밀리에 운영하는 독특한 이름의 팀이 있었다. 바로 '스컹크 웍스'였다. 지독한 냄새가 나는 스컹크의 이미지와 달리 뛰어난 업적을 거둔 스컹크 웍스는 그 뒤 기업에서 놀라운 성과를 내는 비밀병기 팀의 상징이 되었고 다른 회사에도 그와 유사한 팀을 앞다투어 발족하게 하는 계기가 되었다. 미래 팀, 지속가능 팀 등과는 뉘앙스가 전혀 다른 스컹크 웍스는 이름 자체만으로도 신선한 충격을 준 사례로 유명하다.

　　이와는 달리 우아한 이름을 쓴 예도 있다. 배달의 민족 앱을 제공하는 회사 '우아한 형제들'은 특이하고 당돌한 이름으로 소비자들의 관심을 끄는 데 크게 기여했다. 회사 청소부를 '고마운 분'이라고 하고 임신한 여직원에게는 '여신님'이라는 사원증을 달아준다. 또한 인사팀과 별개로 사원 복지를 담당하는 '피플 팀'을 꾸려나간다.

기업 운영에 사용하는 언어를 보면 그 회사의 가치관을 알 수 있다. 이게 바로 '생각력'이다. 생각력은 생각이 말과 글로 나타나는 힘인데 이를 '워딩 파워(Wording Power, 言力)'라고 불러보자. 생각이 씨라면 워딩 파워는 과육과 같은 것이다. 사람들은 과육을 먹음으로써 '시다, 달다, 무르다, 단단하다' 같은 다양한 맛을 음미할 수 있는데 애초에 그 맛을 결정하는 것은 씨앗이다. 생각과 워딩 파워, 이 둘을 잘 활용하면 회사나 단체는 시장 경쟁력(특히 마인드, 스토리 점유율 등에서)을 높일 수 있고 사회는 더욱 우아해지며 깊이를 지니게 된다. 그런데 우리 사회를 전반적으로 살펴보면 아쉽게도 스컹크 웍스, 우아한 형제들 같은 사례가 드물다.

2016년 7월, 미국의 대통령 선거를 앞두고 민주당 힐러리 클린턴 후보를 지지하는 유세 연설에서 당시 영부인이던 미셸 오바마는 막말로 악명 높았던 트럼프 후보에게 경고하면서 다음과 같은 인상적인 연설을 남겼다.

- 그들이 낮게 가면, 우리는 높게 간다(When they go low, we go high)
- 백안관은 어른들이 들어가야 한다

이 연설로 그녀는 미국 정계의 패셔니스트요 유머러스한 즉흥 연기의 달인이라는 평을 뛰어넘어 명연설자로도 깊이 각인되었다. 우리가 여기서 주목할 것은 그녀의 단순하면서도 명료한 생각력이다. 오바마 대통령도 '변화(Change)', '전진(Forward)' 같은 한 단어를 잘 이용하는 촌철살인 워딩 파워가로 유명한데, 미셸 오바마도 '낮게/높게, 막말 어린이/성숙한 어른'이라는 대비 개념으로 전 세계 대중의 가슴을 파고든 것이다.

이 연설을 보고 한국의 네티즌들은 "감동했다", "미국의 리더들은 말을 정말 잘한다", "나도 그녀처럼 스피치를 잘하고 싶다"라는 반응들을 쏟아냈다. 여기서 스피치는 사실 웅변가의 유창한 말이 아니라 개념을 잡아내는 능력, 즉 워딩 파워라고 표현해야 정확할 것이다. 미셸 오바마의 워딩 파워는 나라를 대표하는 자리에 있는 여성 리더들을 비교해봐도 잘 알 수 있다. 과거 '철의 여인' 대처 수상이 EU를 향해 "내(영국) 돈 내놔"라고 했고, 한국의 박근혜 전(前) 대통령이 "나쁜 사람", "대박"과 같은 가벼운 언행을 서슴지 않은 것과는 차원이 좀 다르다.

◇◇◇◇◇◇

지금 세계는 뛰어난 IT 인프라와 스마트폰 기술, 문화 한류 등으로 우리나라를 주목하고 있다. 하지만 이룩한 것이 많은 만큼 많은 것이 무너지는 안타까운 일도 종종 목격하게 된다. 그중 하나가 워딩 파워의 약화다. 수많은 정보를 손쉽게 얻을 수 있음에도 불구하고 워딩 파워는 점점 둔화되고 있다.

페이스북이나 카카오톡 등에 올라오는 글들을 찬찬히 읽어 보라. 불만, 비난, 경박한 자기 자랑, 감정과잉의 글들이 넘쳐나는 것을 알 수 있다. 물론 재치 있는 말과 독특한 담론들도 더러 있지만 고개를 끄덕이며 다시 음미하게 하는 글들은 가뭄에 콩 나듯 한다.

워딩 파워는 단순히 말의 힘이 아니다. 생각하는 힘이다. 그런데 생각하는 힘이 있어도 말로 표현하지 못하면 그것은 갑옷 깊이 넣어둔 송곳과 다를 바가 없다. 워딩 파워는 생각하는 개념력과 표현하는 힘 두 가지 모두를 지녔을 때 발휘된다. 이것은 사회를 기름지게 만드는 유기물 퇴비와 같은 것이다.

이 책은 한국 워딩 파워의 부활을 촉구하기 위해서 썼다. 대학에서 국문학을 전공하고 제일기획에서 AE(Account Executive)로 12년 일하며 필자는 워딩 파워의 중요성을 몸소 체험했다.

AE는 광고주인 기업을 대상으로 기획 및 영업을 한다. 소비자에게 직접 전달될 커뮤니케이션 콘셉트를 추출하고 그를 통해 제작팀에게 제작 방향을 제시하는 중간자 역할을 한다. 콘셉트 파워인 워딩 파워를 키우는 데 더없이 좋은 직군이나 그 과정은 쉽지 않다. 생명을 얻지 못해 숨죽어 있는 브랜드를 살리는 한 단어, 한 문장을 찾기 위해 술을 먹다가도, 화장실이나 차 안에서도, 심지어 꿈속에서도, 한 달 내내 그 브랜드를 생각해야만 했다.

제일기획에서 막 민영화를 앞둔 KT&G로 옮겨 기획부장과 브랜드 매니저, 영업 부장, 미래팀장 등을 맡아온 12년 동안도 문화와 마케팅을 엮으면서 또다시 워딩 파워와 부딪쳤다. 문화와 기획을 접목시킨 컬래버레이션(Collaboration, 협업) 시도는 워딩 파워를 길러주는 좋은 영양제가 되었고 이와 관련된 책을 몇 권 쓰고 신문에 「황부장의 마케팅 톡톡」 칼럼을 8년 동안 쓴 것도 좋은 훈련이 되었다. 제목, 소제목, 헤드라인을 뽑는 것은 뇌에 주리를 트는 일이었지만 그 과정 끝에 흡족한 결과를 냈을 때는 이루 말할 수 없이 뿌듯했다. 그러면서 점점 워딩 파워의 소중함을 알아갔고 나만의 관점도 생겼다.

이 책은 절대 글쓰기에 대한 책이 아니다. 글쓰기는 생각한 후에 그것을 조리 있게 정리하는 기술이다. 그러므로 글쓰기는 워딩 파워가 생긴 다음에 해도 늦지 않다.

◇◇◇◇◇◇

이 책은 총 3장으로 구성됐다. 1장은 우리 시대에 대한 규정과 지금 왜 워딩 파워가 필요한지를 설명했다. 시대는 1인 세일즈 시대, 인기가 권력인 사회, SNS 지배 사회, 욕망이 넘치는 사회 등 네 개로 나눴다.

2장에서는 워딩 파워의 유형을 일곱 개로 분류했다. 직접적인 워딩 파워부터 반전, 의인화, 이종융합, 유머, 상징, 스토리텔링 유형으로 나눴다.

3장에서는 워딩 파워를 키우는 전략적 방법과 전술적 방법을 기술했다. 그중에서도 특히 그동안 별로 시도되지 않은 방법을 제시했다. 심리학과 인문학적인 지식을 바탕으로 욕망의 차원을 활용하기와 욕망 맵을 그려보고 더블링(Doubling, 겹치기) 해보기, 어원 캐기, 심리학보다는 인류학적인 기원에서 워딩 파워 끌어오기, 사람들이 좋아하는 테마에서 워딩 파워를 끌어오기 등의 다섯 가지이다. 이는 기술만으로 체득되지 않는 방법이며 많은 지식과 날카로운 통찰력을 필요로 한다. 그리고 마지막으로 워딩 파워를 키우는 전술적 방법과 태도를 다섯 가지로 정리했다.

부록에서는 특히 밀레니엄 세대들이 공명할 뉴 노멀 시대의 참고할 워딩 파워 원석들을, 그다음으로는 나의 워딩 파워 실전 사례들을 민낯 그대로 기술했다. 실전에서 어떻게 했고 그 효과는 무엇인지 보는 것이 중요할 듯해서다.

세상에는 수많은 상품이 있다. 상품은 팔기 위해 만든 것이다. 팔리지 않는 상품은 애인에게 버려진 사람과 같다. 혹자는 이런 시각이 부담스러울 수도 있겠지만 현실적으로는 그보다 훨씬 많은 사람들이 자신의 상품이 알려지고 관심을 끌고 그래서 잘 팔리고 결과적으로 칭송받기를 바랄 것이다.

이 책은 워딩 파워를 기르는 방법을 알려주고 싶은 마음으로 집필했다. 사회생활에서 워딩 파워가 유일한 솔루션일 수는 없지만 워딩 파워를 잘 구사하면 분명 도움이 될 것이다. 나 역시 그렇게 해서 큰 도움을 받았다. 오늘날의 나는 워딩 파워의 소산이라고 해도 과언이 아니다.

워딩 파워 뒤에는 생각의 힘이 있다. 마케팅에서는 콘셉트라고 한다. 콘셉트는 '그것을 사는 단 하나 이유' 또는 '그것을 만든 특별한 이유'다. 말만 잘하는 사람은 주위에서 경계하는 대상이 될 수도 있고 글쓰기에만 능한 사람은 남에게 부림을 당하기 쉽다. 그러나 생각(콘셉트)의 힘이 강하여 워딩 파워가 막 강한 사람은 세상을 바꾸는 리더가 된다. 다행히 워딩 파워는 훈련을 통해서 상당 부분 좋아질 수 있다. 이 책을 읽는 모든 독자가 워딩 파워 리더가 되기를, 특히 마케팅 관련업(기획자, 스타트업, 창업자, 자영업자 등)에 종사하는 사람이라면 유능한 워딩 파워 전문가가 되기를 바란다.

세상을 뒤흔든
워딩 파워의 사례

　1990년 이후 세계 문화를 주도해온 국내외 워딩 파워들을 틈틈이 찾아보라. 새로운 지구, 경영과 마케팅, 트렌드 그리고 디지털 세상에 대해 많은 지식과 통찰력를 얻게 될 것이다.

■ 국내 사례

　한류(K-Wave), K-POP, 다이내믹 코리아, 속도 경영, 선단 경영, 동반 성장, 기업은 일류 정치는 삼류, 종북, 병풍, 기레기, 모피아, 김영란법, 란파라치, 텐프로, 플래너, 문화콘텐츠, 싸이월드, 미니홈피, 올레길 열풍, 걸그룹, 아이돌, 오디션 스타, 00천국, 꿀벅지, 동안 열풍, 쿡방 먹방, 강남스타일, 한방, 창조 경제, 스낵 컬처, 문화마케팅

IT, 실리콘밸리, 스마트폰, 소셜(SNS), 검색, 네비게이션, UX, 디지털, 사이버, 블로그, 플랫폼, 스트리밍, 블루투스, 팟캐스팅, 드론, MCN, 쿠키, 스타트업, 엔젤, 빅데이터, 뇌과학, 생각의 속도, X세대, 보보스, 블루오션, 컬처 코드, 컨버전스, 러브 마크, 금융공학, 이코노믹 갱스터, 눈먼 자들의 경제, 인간 중심 디자인, 디자인 경영, 긍정주의 심리학, 공유 경제, 깨어있는 자본주의, 노 브랜드, 월가를 점령하라, 크라우드 펀딩, CSV, Bottom of Pyramids, 넛지, 체험 마케팅, 필터 버블, 행동경제학, 메이커스, 에코매지네이션, 디지털 코쿠닝, 이브올루션, 1만 시간의 법칙, 티핑 포인트, 지속 가능성, 미래 경영, 롱테일 법칙, 메디치 효과, 핵심 역량, 가치 투자, 가이젠, 이노베이션, 콜래버레이션, 요다이즘, 제3의 길, 소셜 웰빙, 녹색 경제, 슬로우 소사이어티, 스칸디나비아 식단, CEO, 윈윈 전략, 서번트 리더십, DIY, 패스트 패션(SPA), 할인마트, 24시간 편의점, 무인양품, 소셜커머스, 성공하는 사람들의 7가지 습관, 프리 에이전트, 하이콘셉트 하이터치, 한계비용 제로의 사회, 노동의 종말, 위험 사회, 인공지능(AI), 백 년 뒤를 생각하는 결재, 베네핏 기업, 중국 굴기, 차이나 드림, 대륙의 실수

목차

워딩 파워라는 보물을 찾아라

최고의 세일즈십,
워딩 파워

판매나 홍보하고자 하는 상품과 워딩 파워가 절묘하게 결합하면 시너지 효과가 발휘된다. 다음의 두 가지 사례를 살펴보자. 하나는 '재미'를, 다른 하나는 '순결한 분노'를 상품과 연결한 것이다.

[사례 1] 재미를 파는 골프장

영종도 인천 국제 공항으로 가다가 신불 IC에서 빠져 나와 4킬로미터쯤 직진해 들어가면 '스카이72' 골프장이 나온다. 회원제가 아닌 퍼블릭 골프장이라 예약만 하면 누구나 골프를 즐길 수 있는 시설이다. 골프장에 들어서면 가장 먼저 눈에 띄는 것은 각 주차장 구획의 이름이다. A31, B23와 같은 삭막한 이름이 아니라 서울, 광주, 강릉, 청주, 포항 등의 도시 이름이 붙었다. 로비 화장실에 가면 각 칸마다 그림과 함께 재미있는 글이 걸려 있다. "왼쪽으로 볼이 가면 훅, 오른쪽으로 가면 슬라이스. 그럼 가운데로 가는 것은? 기적", "벙커에서 멋지게 탈출하면 동반자도 안 보지만, 미스 샷을 하면 뒤 팀 사람도 와서 본다."

티박스(Tee Box, 홀에서 티를 꽂고 골프를 처음 시작하는 곳)에 놓인 홀 표지판에도 재치 넘치는 글들이 쓰여있다. "나 죽거든 골프장에 묻어주오. 그래야 남편이 찾아줄 것 아니겠소. – 어느 골프광의 아내", "골프를 잘 치면 지갑이 좋아하고, 골프를 못 치면 동반자가 좋아한다." 이 글들에는 어떻게 하면 골프를 잘 칠 수 있다와 같은 지시는 없다. 취미로 하는 운동이니 즐기라는 배려가 담겼다. 나는 그것을 '즐거움 마사지 효과'라고 부른다. 그뿐만이 아니다. 홀 곳곳에는 복수의 종이 있고 17홀은 명랑대첩 홀이다. 마지막 결전의 순간인 18홀로 가기 전 대반전을 하라는 뜻이다.

이 골프장의 슬로건은 '골프에서 재미를 찾아라(Discover Fun in Golf)'이다.

[사례 2] 브리핑을 파는 뉴스룸

다양한 진행 방식으로 흥미를 유발해 여타 뉴스 방송보다 인기가 높은 JTBC「뉴스룸」은 다섯 개의 하위 상품으로 구성되어 있다. 앵커 브리핑, 뉴스룸, 팩트체크, 비하인드 뉴스에 마지막 엔딩 멘트와 백뮤직까지. 다른 뉴스에는 없는 재미난 구성이다. 이 중 주목할 만한 것은 단연 앵커 브리핑이다. 손석희 앵커의 브리핑 중 하나를 보자.

'부유한 가정에 태어난 탓에 절제할 줄 모르고 타인의 삶에 대한 존중이 부족해 생긴 부자병 때문'

4년 전 한 소년에게 내려진 판결은 미국 사회를 뒤흔들었습니다. 만취 상태로 차를 운전하다 무고한 네 명의 생명을 빼앗은 백만장자의 아들에 대해 법원은 부자병이란 주장을 받아들여서 감옥에 보내지 않았습니다. 아무리 들어도 해괴했지만 어찌됐든 남의 나라 얘기였으니 그냥 해외 토픽감으로만 여겼습니다. 지금부터는 한국 사회의 부자병 열전입니다. "굳이 돈 주고 살 필요 없다. (중략) 그냥 네 것처럼 타면 된다." 대기업 소유의 말을 제 것인 양 누려왔다던 비선 실세의 딸. 갑작스런 돌발 증언이 어제(2017년 7월 12일) 화제가 되었습니다. 사실 전부터 이 당돌한 젊은이의 발언은 많은 사람들의 부아를 돋게 하긴 했습니다. 이 젊은이가 남겼던 최고의 명언 아닌 명언은 '돈도 실력이다'라는 말이었지요. (중략) 성실하고 평범한 젊은이들에게 차마 그 결과를 말씀드릴 수는 없습니다. 오늘의 앵커 브리핑이었습니다."

9시 뉴스가 각 방송국이 내놓는 간판상품이라고 본다면 손석희의 앵커 브리핑은 단연 1위 상품이다. 「뉴스룸」 브랜드의 핵심은 손석희이다. 그는 매우 워딩 파워가 뛰어난 사람이다. 앞의 브리핑에서 손석희는 '부자병'이라는 핵심 단어와 함께 사회정의라는 대의를 제시함으로써 설득력 높은 브리핑을 완성했다.

또 한번은 앵커 브리핑에서 그가 최저임금 인상에 대해 이야기하며 낙수효과(Trickle-down effect) 대신 다소 생소한 분수효과(Trickle-up effect), 그리고 정의 대신 양극화 해소라는 대의명분을 강조했다. 이를 위해 심지어 한국 최초의 분수인 고종 시절 건축된 석조전 분수의 자료를 제시했다.

보석 같은 워딩 파워의 사례들

[사례 1] 문장형 워딩 파워

- 작은 것이 아름답다

- 난 꿈이 있습니다

- 망치를 든 사람에게는 모든 것이 못으로 보인다

- 배는 항구에 있으면 안전하다. 그러나 그것이 배의 존재 이유는 아니다

- 지하세계로 내려가는 사람만이 사랑하는 사람을 구할 수 있다

이들은 문장으로 된 워딩 파워 사례다. 흔히 명언이라고 하는데 평등, 편견, 도전, 용기 같은 핵심 생각들이 하나씩 단단하게 자리 잡고 있다. 이 명언은 나를 넘어서고, 평범함을 벗어나고, 다른 관점을 제시하며, 사물의 핵심을 찌른다.

[사례 2] 단어 / 구절형 워딩 파워

블루오션, 컬처 코드, 1만 시간의 법칙, 체험 마케팅, 서번트 리더십, 지속 가능성, 티핑 포인트, 메디치 효과, 윈윈 전략, **코피티션**(Coopetition)

이들은 몇 단어로 이루어진 콘셉트로 비즈니스 세상의 프레임을 바꾼 말들이다.

[사례 3] 브랜드 워딩 파워

갤럭시, 아이폰, 풀무원, 농심, 아침햇살, 꽃을 든 남자, 더위 사냥, 세상에서 가장 작은 카페 카누, 메르세데스 벤츠, 총각네 야채 가게, 공화춘(중국이 공화국이 되자 중국에 봄이 왔다고 이를 기념해 만든 자장면 집 이름), **내 전처들의 비밀 요리, 바다의 소리, 농가의 부엌, 텅 앤 그루브, 죠스 떡볶이, 바르다 김선생**

이들은 브랜드 명과 식당이나 메뉴 이름들이다. 참신한 가게 이름을 보면 이름에 끌려 들어가거나 사진을 찍어 SNS에 올리는 사람이 많다. 좋은 워딩 파워는 사람을 행동하게 만든다.

[사례 4] 카피 워딩 파워

- **Think Small – 폭스바겐**
- **크리넥스로도 닦을 수 없는 그리움이 있다 – 크리넥스**
- **남자는 떠나고 여자는 또 아름다워진다 – 시세이도**
- **여보, 아버님 댁에 보일러 놔드려야겠어요 – 경동보일러**

이제는 전설이 된 문구들인데 그럼에도 꾸준히 인구에 회자되는 유명한 광고 카피다. 이 한 줄을 쓴 카피라이터는 몸값이 수십 배로 뛰었다.

[사례 5] 예술 작품 워딩 파워

반지의 제왕, 이상한 나라의 앨리스, 인어공주, 미녀와 야수, 원더우먼, 태양은 가득히, 로마의 휴일, 히말라야 지도자의 어린 시절, 나그네와 마술사, 봄 여름 가을 겨울 그리고 봄, 스타워즈, 인터스텔라, 트랜스포머, 매트릭스, 마법의 성, 백조의 호수, 겨울 나그네, 종이 약국, 선(禪)과 모터사이클 관리술

일상의 늪에 빠진 대중들에게 비욘드(Beyond) 세상을 꿈꾸게 만드는 영화, 책, 연극, 음악 제목들이다.

나를 꿈꾸게 만들었던 사례들은 보석 같은 워딩 파워의 영롱한 형상들이다. 마음이 설레고 꿈을 꾸게 하여 이곳을 넘어선 다른 세상이 보일 것만 같다. 이들은 신기술이나 이데올로기 못지않게 사람의 마음을 바꾸고 결과적으로 세상을 바꾸는 한 축이 되었다. 혁신적 신기술은 일반인이 접근하기 힘들 수 있지만 워딩 파워는 누구나 일정 수준의 성취를 얻을 수 있다. 우리는 모두 언어적 존재이기 때문이다. 대학교 나온 엄마가 중학생 자식에게 "얘, 성공하려면 학교 잘 다녀"라고 하는 것보다 "얘, 학교는 꿈 농장이야. 수많은 사람들이 가꾼 꿈이 자라니까"라고 말하는 것이 뭐 그리 어렵겠는가.

몇 년 전 페이스북에 어떤 30대 여성이 자신의 어머니를 회상하며 올린 글이 있었다. 어머니는 딸에게 이렇게 말했다고 한다. "싸구려 여관에 가지 마라. 집을 비워줄 테니", "화장품 바르지 말고 책을 읽어라. 그러면 네 내면에서 아름다운 빛이 흘러나올 것이다." 나는 이 어머니의 워딩 파워를 아직도 기억하고 인용한다.

이제까지 좋은 워딩 파워 사례들을 봐왔는데 세상엔 빛이 있으면 어둠이 있듯이 부적절한 워딩 파워도 많다.

반감을 불러일으키는 워딩 파워

대통령들은 대부분 수많은 연설을 하다 보니 워딩 파워가 뛰어난 경우가 많은데 박근혜 전 대통령만은 달랐다. 콩깍지가 씌었을 때는 수첩공주이고 대한민국과 결혼한 여자 대통령이라고 했지만 그가 강한 눈빛을 보이며 언급한 '나쁜 사람', '천

벌을 받을', '대박' 등은 한 나라의 대통령의 입에서 나올 만한 말들은 아니었다.

기업들도 마찬가지다. 스티브 잡스, 마크 저커버그, 마윈 등 미국이나 유럽, 중국의 기업가들은 감명을 주는 어록이 많은데, 근래 들어 한국 기업 총수들의 촌철살인은 찾아보기 힘들다.

이번엔 서울의 길 이름을 살펴보자. 2017년 5월 개장한 '서울로 7017'의 이름을 어떻게 생각하는가. 하늘 공원길이라는 특징도 드러나지 않고, 개성도 느껴지지 않는다. 마치 줄푸세나 747 공약 같은 냄새가 난다. 조선의 설계자 정도전이 지은 한양의 문들(숭례문, 돈의문 등)과 궁궐들(창덕궁, 경복궁 등) 이름은 얼마나 근사한가. 500년이 지난 지금 이 길 이름과 지명 이름을 짓는 워딩 파워는 더 퇴보했다는 말인가.

마지막으로 볼 것이 요즘 10~20대의 언어 트렌드이다. 젊은 세대는 늘 새로운 용어를 만드는데 이것은 언어사회학적으로 꽤 중요한 트렌드이므로 주마간산으로라도 봐야 한다. 그런데 여병추(여기 병신 하나 추가요), 개방가, 심쿵, 하태핫태(Hot와 '~해'의 합성어), 깜놀, 노잼, 죽창, 헬조선, 현망진창(현재+엉망진창), 시발비용(사회생활 시작에 드는 비용이라는 뜻인데 욕설을 연상케 한다) 등은 도대체 말인지, 암호인지 모를 지경이다.

그래도 아직까지는 세상엔 멋진 워딩 파워가 더 많다는 사실이 위안을 준다. 훌륭한 생각에서 피어난 워딩 파워는 세상을 흔들고 사람을 살리는 힘이 있다. 앞의 예시 중 "배는 항구에 있으면 안전하다. 그러나 그것이 배의 존재 이유는 아니다"는 19세기의 캘비니즘 목사였던 윌리엄 쉐드가 한 말로 김범수 현 카카오 회장이 NHN을 떠날 때 인용했다. 그가 그 워딩 파워를 몰랐다면 떠날 생각을 못 했을 것이고, 어쩌면 카카오톡은 세상에 나오지 못했을 수도 있다. 광고 카피 "Think Small(작음을 생각하라)"은 광고계의 피카소 불리는 윌리엄 번벅이 폭스바겐 광고 카피로 쓴 것인데 이로써 큰 것만 좋아했던 미국 사람들이 작은 것에 대해 생각하게끔 만들었다.

이처럼 세상과 상품을 좀 더 의미 충만하게 만들고 싶다면 열린 사고로 좋은 워딩 파워를 공부해야 한다.

사회를 바꾼 워딩 파워

츠타야 서점은 일본의 대표적인 체인형 서점이다. 2013년 츠타야 서점의 콘셉트를 적용한 규슈 지방의 다케오 시의 시립 도서관은 시 인구가 겨우 5만 명임에도 13개월 만에 내방객이 100만 명을 넘어 큰 화제가 되었다. 이 도서관의 모델이 된 츠타야 서점은 이미 1983년부터 DVD와 CD, 서적을 같이 팔았다. 당시로서는 매우 놀라운 시도였다.

서른두 살에 퇴직금을 털어 조그만 레코드 가게를 창업한 마스다 무네아키는 후에 이런 방식을 '멀티 패키지 스토어(MPS)'라고 불렀다. 새로운 생각, 새로운 워딩 파워이다. 마스다 무네아키는 기업은 기획을 디자인하는 곳이며 기획은 고객 가치를 창조하고 생활방식을 제안하는 것이라는 비즈니스 철학을 가지고 있다. 이것이 기업의 3차 단계 기획이어야 한다고 그는 굳게 믿는다. 1차는 팔면 되는 단계였다. 2차 단계에서는 물품이 넘치면서 사는 곳 즉, 플랫폼을 제공하면 되었다. 그런데 요즘에는 오프라인과 온라인에 플랫폼이 넘쳐난다. 이제는 라이프스타일을 고려하여 고객들에게 '선택하는 기술'을 제안해야 한다.

매장(賣場)은 팔려는 기업 입장에서 붙인 말이다. 고객 입장에서는 사는 곳, 즉 매장(買場)이다. 고객이 하드보일드(1930년대 미국에 나타난 사실주의 수법) 영화를 좋아한다면 레이먼드 챈들러의 추리소설과 차분한 느낌의 재즈를 좋아할 것이라는 예측을 할 수 있다. 이때 기획자는 고객의 생활방식이나 성향을 파악하고 MPS 방식의 판매 방식을 창조하는 것이다.

츠타야 서점은 이와 같은 혁신적인 사고로 매장 생태계를 바꿨으며 현재 일본 전역에 1천400개가 넘는 매장을 보유하고 있다. 창업자 마스다 무네아키는 많은 워딩 파워를 구사했다. '지적 자본론, 라이프스타일 제안, MPS, 서드 스테이지, 선택하는 기술, 기업은 기획하는 곳이고 기획은 그래서 디자인이다' 등이 그것들이다. 리더는 생각을 달리 하고 그 결과로 마음에 남을 워딩 파워를 만드는 사람인데, 마스다 무네아키의 워딩 파워들은 남다른 세일즈 개념에서 나온다.

다음은 1990년대 우리나라 한 보험회사의 워딩 파워(이제부터는 편의상 워딩 파워라는 말을 '생각력+워딩 파워'를 포함한 것으로 기술하겠다) 사례다. 이 시기에 국민소득이 급격히 높아지면서 광고와 마케팅 그리고 정보화가 활발하게 전개됐다. 국민소득이 늘다 보니 증권, 보험업 등도 날로 성장했다.

그중 보험 세일즈는 전업주부들에게 매력적인 수익 기회였다. 육아나 집안일과 병행할 수 있으며 별도의 기술이나 자격증이 없어도 할 수 있기 때문이었다. 그러나 대부분 연고 판매에 의존하다 보니 6개월 이상을 넘기기가 힘들었다. 그녀들은 고객의 라이프 사이클, 수입, 투자 성향 등을 크게 고려하지 않는 단순 세일즈를 펼쳤다.

그러다가 S생명이 '생활설계사'라는 신 개념을 제시했다. 영어로는 이름도 근사한 라이프플래너(Life Planner). 세련되게 차려입은 젊고 지적인 여성이 등장하는 광고도 제작했다. 보험

아줌마나 보험 모집인보다 플래너란 말이 더 전문적이고 멋져 보이지 않는가. 삶을 계획해주는 사람이라니! 그 뒤 갑자기 이 직종에 대한 인기가 급속도로 상승했다. 이들은 보험 모집인이 아니라 진짜로 인생을 설계하는 전문가 같았다. 대학교를 졸업한 여대생들도 이 일에 관심을 보이기 시작했다.

그 뒤 우리 사회에는 파티 플래너, 뷰티 플래너 그리고 바리스타, 플로리스트, 소믈리에 등 민간 전문가의 칭호가 받아들여지기 시작했다. 이것이 바로 워딩 파워다. 이를 통해 돈도 안 들이고 비즈니스 파워를 강하게 키우며 사회적 평판을 바꿀 수 있는 것이다.

세계를 움직이는 워딩 파워

워딩 파워에는 비즈니스뿐 아니라 세계를 움직이게 하는 힘이 있다.

한 정치가가 제2차 세계대전 후 소련을 '철의 장막(Iron Curtain)'이라고 규정지었다. 이 말을 처음 사용한 사람은 누구일까? 영국의 윈스턴 처칠? 아니다. 이 말은 1914년 벨기에의 엘리자베스 여왕이 최초로 언급했다. 18세기 말 유럽의 극장에서 관객을 보호하기 위해 무대에 쳐두었던 철의 커튼을 정치에 비유한 것이었다. 1945년 나치 선전부 장관 괴벨스도 독일과 러시아 사이의 '철의 장막'을 언급했다. 그러다가 세계적으로 널리 사용된 것은 처칠 수상이 1946년 3월 미국을 방문하여 미주리주의 풀턴에서 행한 연설부터였다.

처칠은 제2차 세계대전 후 "발트해의 슈체친에서부터 아드리아해의 트리에스테에 이르기까지 대륙을 횡단하여 '철의 장막'이 드리워져 있다"고 했다. 이 말은 제2차 세계대전 이후 연합국의 소련 권에 대한 불신을 나타내는 표현이었다. 처칠은 유럽을 구한 영웅이다. 웅변술이 탁월했고 글쓰기를 좋아하여 종군 시절에는 기자였다. 그러니 사람들은 철의 장막을 그가 만들었다고 믿었다.

그 뒤 이 말이 크게 유행하여 반(反) 소련 전선의 선전용어로 사용되었고 지금도 스타크래프트 게임 등에 그 잔영이 남아있다. 철의 장막은 수십 년 동안 소련을 세계 국가들과의 관계에서 철저하게 고립시키는 역할을 했는데 이 효과는 수백 개 미사일보다 강력한 힘을 발휘했다고 평가된다.

이번에는 디지털 업계의 워딩 파워를 보자. '디지털' 자체가 이미 강력한 워딩 파워이기는 한데 해당 업계에서는 수많은 워딩 파워가 정신없을 정도로 쏟아져 나오고 있다. 특히 사이버스페이스, 아바타, 세컨드 라이프[1], 안드로이드[2], 하이퍼링크, 테라바이트 등은 디지털 업계의 무서운 발전 속도를 잘 나타낸다.

빌게이츠는 이런 변화의 속도를 '생각의 속도'라고 제시했다. 그의 책 『빌게이츠 @ 생각의 속도』는 인터넷 주소 표기에 쓰는 @를 제목에 넣은 파격이 상징하듯, 인터넷 확산으로 일어날 디지털 기술 시대의 혁명적 변화들을 조망하는 미래 예측서다. 정보기술의 발전 속도를 디지털의 속도 대신 생각의 속도라고 명명함으로써 속도의 주체로 생각을 지칭한 것이다. 만일 그런 생각을 인간이 아닌 사물이 한다면?

4차 산업혁명 시대로 접어들면서 화두로 떠오른 사물인터넷(Internet of Things)이라는 용어를 처음 들었을 때는 사물과 인터넷이란 말이 전혀 연결되지 않았다. 인터넷 세상은 여전히 인간이 주체였다고 믿었기 때문일 것이다. 이 용어는 1999년 매사추세츠공과대학교(MIT)의 오토 아이디센터 소장 케빈 애시턴이 향후 RFID(전파식별)와 기타 센서를 일상생활에 사용하는, 사물에 탑재한 인터넷이 구축될 것이라고 전망하면서 등장했

---

1 미국 샌프란시스코의 벤처기업 린든 랩이 2003년 선보인 인터넷 기반의 가상현실 공간. 자신의 아바타를 이용해 경제활동을 하고 사이버 활동으로 번 린든 달러를 실제 달러화로 환전해준다.
2 ① 겉보기에 말이나 행동이 사람과 거의 구별이 안 되는 로봇. ② 스마트폰에서 프로그램을 실행할 수 있는 모바일 운영체제로 구글이 제작.

다. 인터넷에 연결된 기기가 사람의 개입 없이 상호간에 알아서 정보를 주고받아 처리한다는 뜻이다. 이 단어는 통신의 주도권이 사람에게서 사물로 넘어간다는 변화의 방향을 상징적으로 드러낸다.

워딩 파워에는 꿈과 욕망이 있다

워딩 파워는 비교문화학자 이어령 박사가 제시한 개념이다. 이어령 박사는 정확하게는 '언력(言力)'이라고 표현했는데 이것을 이 책에서는 '워딩 파워'라고 번역했다. 이 박사가 초기에 워딩 파워를 정의할 때는 철의 장막 등을 예로 들면서 군사력, 경제력 등과는 다른 차원의 힘이라고 말했다. 그러다가 최근에 모 인터뷰에서 "힘의 역사가 군사력과 경제력에 이어 워딩 파워(言力)로 흐르고 있다. 워딩 파워, 즉 말의 힘은 타인과 공감하며 감동을 주는 문화의 힘"이라고 강조하며 문화 쪽에 포커스를 맞추었다.

이 생각을 좀 더 보완해보기로 하자. 오늘날 긍정의 심리학에 큰 영향을 미친 알프레드 아들러는 인간의 행동과 발달을 결정하는 것은 인간 존재에 보편적인 열등감과 무력감, 이를 극복하려는 보상욕구라고 생각했다. 아들러 관점에서 보면 공감이나 감동의 배경에 그들보다 더 근원적인 의지나 보상욕구, 꿈 등을 더해 표현하면 강력한 워딩 파워를 구사할 수 있지 않을까. 나는 워딩 파워를 공감과 감동을 포함해서 다음처럼 정의하고 싶다.

꿈, 공감, 지시와 욕망 등에서 신 개념을 말, 단어나 문장, 스토리로 표현하는 힘

워딩 파워는 인간이 중시하는 꿈, 공감, 지시와 욕망 등에 깊게 관여하며 그럼으로써 그동안 미처 생각하지 못했던 것들을 발견하게 하는 힘이다. 우리 안에 내재한 숨은 동력에 기초하지 않으면 강력한 워딩 파워를 생산하기가 힘들다. 워딩 파워를 만들려면 인류의 근간을 이루는 꿈, 공감, 강력한 지시[3]와 욕망을 담아야 한다.

---

3 Indicative Ability. 에이스 침대가 "침대는 가구가 아닙니다. 과학입니다"라고 직접적으로 지시한 경우, 배우 소피 마르소가 주연한 영화 「유 콜 잇 러브」에서 연인 간의 어떤 감정을 "러브"라고 지시하는 경우 등이 사례들이다.

우리 생활 속 친근한 워딩 파워

철의 장막, 생각의 속도, 사물 인터넷 등의 사례가 너무 거창하다면 우리가 흔히 접하는 트렌드, 기업 마케팅 등에서 친숙한 워딩 파워의 사례를 찾을 수도 있다. '골드 미스' 또는 최근의 '걸 크러쉬'와 같은 용어는 재미도 있으면서 새로운 여성 계층을 전면에 등장시켜 소비의 판도를 바꾼 사례다.

골드 미스는 올드미스에서 파생된 말로 30대 이상 40대 미만의 미혼여성 중 높은 학력과 경제적 능력을 갖춘 이를 일컫는다. 명품 쇼핑과 해외여행을 즐기는 골드 미스에게 연애나 결혼은 인생의 우선순위가 아니거나 제일 마지막에 위치한다.

걸 크러쉬는 소녀를 뜻하는 'Girl'과 반한다는 뜻의 'Crush On'을 합성한 말로 옥스퍼드 사전에 따르면 '여성이 동성에게 느끼는 – 성적인 것이 아닌 – 강한 호감'을 뜻한다. 즉 닮고 싶은 외모와 뛰어난 패션 감각과 센스, 지성 등을 갖추고 있으며 사회적으로 성공해 일반 여성들의 롤 모델이 되는 여성이 걸 크러쉬의 예시이다.

워딩 파워에는 현상을 규정하면서 현상을 자극하고 심지어 현상을 바꾸는 능력이 있다. 2017년 공익광고협의회에서 하는 광고가 '사람을 죽일 수도 살릴 수도 있는 손가락 – 능력자' 캠페인이었다. SNS 댓글과 악플에 관한 경종의 광고로, 여기서 능력자는 언어를 뜻한다.

워딩 파워가 뜻밖의 능력을 발휘한 개명(改名) 사례도 있다. 서울대학교 생활과학대학 소비자학과의 이름은 1990년대까지만 해도 가정관리학과였고 여자들이 주로 지망했다. 그 후로 몇 번의 변화를 거치다가 1997년에 비로소 현재의 생활과학대학으로 이름을 바꿨다. 연세대학교는 이보다 빠른 1990년에 개명했다. 그 덕분에 이제는 남자 지원자들이 꽤 많아졌다.

2008년 처음 영업부서를 맡은 나는 부서 이름을 '영업2부'에서 '상콘(想想 Con.)'으로 바꿨던 적이 있다. 이는 '상상을 담는 콘테이너(Container)'를 줄인 말이었다. 당시 회사가 추구하는 광고 슬로건이 '대한민국 젊은 상상을 응원합니다'였기 때문에 기업의 가치와 일관성을 유지하면서 정체성을 잘 드러내고자 했다. 그리고 슬로건은 '팝콘보다 튀는 상콘'으로 정했다.

여기서 멈추면 워딩 파워는 제 힘을 발휘하지 못한다. 워딩 파워가 엔진이 되어 행동이라는 바퀴를 움직일 수 있어야 파워풀해진다. 나는 '상콘 7계명'도 만들어 부서 입구에 걸어놓았고 매주 월요일 저녁마다 부서원들과 맥줏집에서 편안하게 '상콘 월요 특강'을 진행하기도 했다. 그에 맞춰 부서 인테리어도, 근무제도(5일 중 하루는 출근하지 말고, 주목받는 곳들을 보고 오라고 했다)도, 부서 차량과 직원들 복장도 바꾸었다. 대학생 700여 명을 대상으로 상콘 아카데미도 만들어 1년 반 동안 시행했다. 그 뒤 직원들은 더 확실한 목표를 가지고 자신의 업무에 적극적으로 임했다.

◇◇◇◇◇◇

이상에서 본 것처럼 워딩 파워의 역할은 매우 중요하다. 그런데 지금 우리나라에서는 스마트하고 영향력 있는 워딩 파워를 찾아보기가 힘들다. 오랫동안 암기 중심으로 교육을 받으며 창의력을 개발하지 못한 점, 자율성을 존중받지 못하는 명령 중심의 사회생활을 한다는 점 등이 워딩 파워를 약화시킨 탓이다. 말이 없으면 신중하거나 겸손하다고 평가하는 사회 분위기, 스마트폰의 영향으로 시각 중심의 커뮤니케이션이 이루어지는 현상 등도 워딩 파워의 약화 요인으로 꼽힌다.

그럼에도 불구하고 워딩 파워는 여전히 삶에 강한 영향력을 미친다. 다음 장부터는 워딩 파워가 우리에게 꼭 필요한 이유를 네 가지 시대적 변화를 들어 피력하려고 한다.

2

1인 세일즈 시대의
도래

청년 실업률이 증가하고 시니어 은퇴자가 많아지면서 1인 기업과 1인 미디어가 늘고 있다. 수많은 경쟁자들 사이에서 살아남으려면 한 번의 만남으로 고객에게 강한 인상을 남겨야만 한다. '1인 미디어업계의 유재석'이라 불리는 '대도서관'에 의하면 아프리카 TV나 유튜브 라이브 등에서는 특히 어떤 언어를 사용하느냐로 사람들의 주목을 받느냐 못 받느냐가 결정된다고 한다. 언어 자체도 재미있고 중간중간 이야기가 다양하며 격도 있어야 한다. 그래야 시청자가 다양해지고 충성도도 높아진다는 것이다. 대도서관도 자신의 이름을 알렉산드리아 도서관에서 따왔을 정도로 워딩 파워 품격을 중시한다.

그냥 장미 팔기와 사랑 팔기의 차이

세일즈 워딩 파워가 필요한 그룹이 또 있다. 예술을 파는 사람들이다. 요즘은 다섯 집 걸러 한 집 꼴로 예술, 디자인 등에 종사하는 사람들이 있을 정도로 디자인과 예술 관련 상점이 늘었다. 하지만 멋진 가게 분위기에 비해 수입은 그다지 높지 않은 편이다. 대부분 아이템이 비슷하며 자신의 상품에 대한 특별한 네이밍 전략이나 차별화된 상품 소개가 없기 때문이다.

상품이 좋으면 손님이 저절로 알아줄 거라는 생각은 오해다. 이는 내가 거듭 강조하고 싶은 점이다. 왜냐고? 영국의 전설적인 경제학자인 케인즈가 그 이유를 말해준다. 그는 주식시장에서 돈을 많이 번 드문 경제학자로 꼽히는데 "주식시장의 본질은 미인대회"라고 했다. 그녀가 미인이어서가 아니라 사람들이 그녀를 미인이라고 생각해주기 때문에 미인대회에서 뽑히는 것뿐이라는 것이다. 비슷한 미녀 중에서 누가 최고인지 가리는 것은 매우 어렵다. 그저 군중심리일 뿐이다.

디자인 상품도 다 멋있어 보이기 때문에 고르기가 어렵다. 누군가 이 상품이 미인이라고 추천해주어야 한다. 그런데 그걸 누가 해주나? 잘 안 해준다. 상점 주인 본인이 해야 한다. 세일즈 워딩 파워를 구사하며 상품의 매력을 이야기해야 한다. 뉴욕의 한 지하철에서 실험을 했다. 할머니들에게 장미 다발을 팔아 보라고 한 것이다. 그런데 유독 한 할머니가 장미를 많이 팔고 있었다. 몸매, 얼굴, 옷, 나이는 별 차이가 없었다. 판매 실적이 높았던 할머니는 다른 할머니들과 달랐던 점은 딱 하나, 세일즈 언어였다. 다른 할머니들이 "장미 한 다발 사세요" 하고 말할 때 그 할머니는 "사랑 한 다발 사세요" 하며 고객의 발길을 멈추게 했다. 장미에 '사랑'이라는 워딩 파워를 부여한 것이다.

얼마 전 나는 전통 공예 디자이너들을 대상으로 강의를 한 적이 있다. 그들은 자신들을 반(半) 아티스트로 정의하는 듯했다. 그래서 이들은 마케팅을 배우지 않았고 진흥원에서도 가르치지 않았던 모양이었다. 그들은 어쩌면 예술가로 살아가기 힘든 현실을 인정하지 않고 전통문화에 무관심한 고객들에 원망을 퍼부었을지도 모른다.

그런데 사실 전통 문화의 소비는 예전보다 많이 늘었다. 나만 해도 관련 제품이 집에 몇 개가 있을 정도니까. 기대만큼은 아니더라도 정부 지원도 많이 늘었고 국민소득도 높아져 구매력도 향상됐다. 수요와 공급에 불균형이 생겼다는 것이 이 문제의 본질이다. 당장 대학에서 1년에 2만 명 이상 디자인학과 졸업생이 배출된다. 따로 디자인을 공부한 사람들, 창의적인 이색 디자이너들까지 합치면 그 숫자는 더 늘어난다. 힘든 건 공예 디자이너뿐만이 아니다. 요리학교를 나온 빵빵한 이력의 쉐프들, 로스쿨을 나온 법조인, 치과 의사, 성형외과 병원도 마찬가지다. 사회가 문화, 서비스 산업이 강조되면서 공급은 끊임없이 증가하는데 출산 저하와 인구 노령화로 수요자는 별로 늘지 않고 있다. 1인 사업가, 1인 미디어 운영자, 예술가, 상품 개발자, 스타트업들이 치열한 경쟁에서 살아남으려면 이제부터 세일즈 워딩 파워를 구사해야만 한다. 일단 차별화된 이름을 붙이는 법부터 배워야 한다.

꽃말과 칵테일, 향수 이름에서 배우자

이름을 붙이는 것에는 시인 김춘수가 1952년에 발표한 「꽃」을 빼놓을 수 없다.

> 내가 그의 이름을 불러주기 전에는
> 그는 다만
> 하나의 몸짓에 지나지 않았다.
> (중략)
> 우리들은 모두

무엇이 되고 싶다.

너는 나에게 나는 너에게

잊혀지지 않는 하나의 눈짓이 되고 싶다.

꽃말들은 참으로 다양하고 아름답다. 5월이면 유난히 붉게 만개하는 장미는 '열정'을 상징하고, 수선화는 '신비', 노랑수선화는 '사랑에 답하여', 사프란은 '후회 없는 청춘', 히아신스는 '차분한 사랑', 흰 제비꽃(Violet)은 '순진무구한 사랑', 튤립은 '실연'이란 의미를 담고 있다. 이 꽃말들을 보면 그야말로 꽃들의 워딩 파워라 아니 할 수 없다.

칵테일 이름도 매력적이고 낭만적인 이름이 많다. 블랙 러시안이나 쿠바에서 헤밍웨이가 즐겨 마셨다고 해서 유명해진 모히토와 같이 평범한 이름부터 키스 오브 파이어, 누드 비치, 베이비 샤워, 니플 온 더 탑 등 야한 이름까지 다양하다. 그들은 소비자의 주의를 끌기 위해 이름 짓기(Making) 전략을 치열하게 펼쳐나간다.

세계적 브랜드는 이름을 짓는 데 정말 뛰어난 감각을 가졌다. 2004년 무렵 프랑스에서 온 여성 스토리 작가가 나에게 들려준 이야기는 꽤 통찰력이 있었다. 그녀는 프랑스에서도 향수 경쟁이 치열한 가운데 새로운 스타일의 이름으로 히트를 치는 향수군이 있다고 했다. '비 온 뒤의 건초 향', '나무의 여인', '오후 2시의 햇볕' 등 마치 수채화처럼 수수하면서도 아름다워 파리지엔느들에게 인기라고 했다(향수 이름은 내 기억에 의존해 적었는데 정확하지는 않다. 그러나 이처럼 감각적이고 서정적인 취향의 이름인 것은 분명하다). 물건에 덧붙여 기억과 꿈도 사는 소비자의 심리를 잘 읽은 전략이었다.

나는 2007년에 최고가 브랜드를 기획하면서 제품 외부 디자인에 김소월의 시 「님과 벗」 전문을 넣은 적이 있다. 디자인은 이상봉 패션 디자이너와 협업으로 진행했다. 이 제품은 자연스럽게 CEO 브랜드로 자리 잡았고 목표 대비 두 배가 더 판매됐다.

또한 한번은 코카콜라 코리아를 방문했는데 회의실 이름이 뜻밖에도 고구려, 신라, 백제 등이었다. 현지 시장과 친해지려는 그들의 노력이 느껴져 친근감이 들었다. 이름부터 지어보라. 김춘수 시인이 읊었듯이 '우리들은 모두 무엇이 되고 싶다.'

다니엘 핑크의 6 피치로 자신만의 스토리텔링하기

제안서를 통과시키려는 메일을 보내거나 SNS를 활성화시키는 등 무형에 대한 세일즈는 어떻게 해야 할까? 미래학자 다니엘 핑크는 2000년대 초반 '하이콘셉트, 하이터치 시대', '프리에이전트(Free Agent)' 같은 개념을 내놓아 주목을 받은 바 있다. 멋진 미래를 말해야 할 그가 최근엔 세일즈 이야기를 꺼내들었다. 그만큼 세일즈가 앞으로 주목받게 될 것이라는 의미다. 그는 저서 『파는 것이 인간이다』를 통해 앞으로는 모두가 세일즈맨인 시대가 온다고 전망한다. 소규모 기업가의 증가, 직업의 유연성, 교육과 의료 분야의 급격한 확대를 근거로 들었다.

그는 '세일즈(Sales)'란 개념을 판매 세일즈와 비(非) 판매 세일즈로 나눈다. 판매 세일즈는 직접 물건을 파는 일을, 비 판매 세일즈는 1인 미디어 운영자처럼 기획이나 설득과 관계된 아이디어를 파는 것을 뜻한다. 그는 공급자가 훨씬 많아지는 시대이므로 이제 자신의 비즈니스, 작품, 아이디어 등을 전략적으로 팔 줄 알아야 한다고 강조한다. 현재 미국인의 9퍼센트만이 자신이 세일즈를 한다고 응답하지만 사실은 아홉 명 중에 여덟 명이 이미 세일즈(비 판매 세일즈 포함) 활동을 하고 있으며 이는 점점 늘어날 전망이라는 것이다.

그는 세일즈를 하려면 타인의 마음을 움직여야 하는데 그러기 위해서는 짧고 간결한 피치(Pitch, 남을 설득하기 위해 자신의 생각을 주장하거나 홍보하는 활동), 역동적인 환경에 능동적으로 대처하는 즉흥극, 다른 사람에게 도움을 주는 행위가 필요하다고 설명한다. 이 중 언어 파워와 가장 관련 깊은 피치는 오늘날 가장 필요한 생존 방식 중 하나로 매력적인 아이디어를 제시해 대화가 시작되도록 하고, 다른 사람의 참여를 유도하고, 모두가 만족하는 결과로 향하는 출발선이다. 그가 말하는 피치는 다음의 여섯 가지다.

① 한 단어: 유럽 최대의 광고회사였던 '사치앤드사치'의 창업자 모리스 사치는 누구보다 한 단어 피치의 효과를 강조한다. 정보 과잉 시대에 사람들은 하루에 10만 개 정도의 글자를 접하기 때문이다.

② 질문: 주장의 근거가 확실할 경우, 평서문보다 의문문을 활용해 상대방이 동의하거나 반대하는 자신만의 이유를 찾도록 유도하라. 관여도가 높아지면 피치 효과가 커진다.

③ 운율: 운율을 맞추면 정보 처리 유창성이 커져 전달력이 좋아진다. 예) Woes unite foes(슬픔은 적을 뭉치게 한다), 캐쉬는 잃었지만 애쉬를 얻었다.

④ 제목: 이메일이나 프로젝트 제목 등은 유용하면서도 흥미를 자극하도록 하고 구체적으로 제시하라. 그러면 사람들이 눈여겨볼 확률이 올라간다.

⑤ 트위터 피치: 트위터는 140자 이내로 써야 한다. 자기가

말하고자 하는 바를 140자 이내로 쓰면 보는 사람이 훨씬 쉽게 이해하고 빨리 판단하게 된다.

⑥ 픽사(Pixar) 피치: 3D 애니메이션으로 유명한 픽사에서 스토리 아티스트로 일했던 에마 코츠가 찾아낸 원칙이다. '옛날에… 매일… 어느 날… 그래서… 그래서 그리고 마침내 교훈 제시'라는 6단계 구조를 따를 때 사람들은 쉽게 알아듣고 기억하고 반응한다는 것이다. 픽사의 유명한 애니메이션 「니모를 찾아서」를 예로 들면 다음과 같다.

옛날에 깊은 바다에 니모와 멀린이란 물고기가 살았다.

매일 멀린은 니모에게 멀리 가지 말라고 말했다.

어느 날 니모는 멀린의 말을 어기고 멀리 나갔다가 어부에게 잡히고 말았다.

그래서 멀린은 니모를 찾으러 여행을 떠났다.

그래서 많은 도움을 받아가며 니모를 구출했다.

그러곤 마침내 사랑과 믿음이 중요하다는 교훈을 알게 됐다.

픽사 피치 구조는 사실 허리우드 영화 제작 등에서 이미 통용되던 스토리텔링 기법이기도 하다. 나는 기획자들에게 강의를 할 때 이를 잘 적용해보라고 강조한다.

내가 직접 만든 픽사 피치 이야기도 있다. 대상은 7321디자인 회사의 노트였다. 노트를 많이 사는 소비자는 10~20대 여성층이니 요정 이야기를 좋아할 것이라고 판단했다. 다음은 세계 어디에도 없는 '노트의 요정' 이야기이다.

수백 년 전 핀란드 자작나무 숲에는 끝이 안 보이고 뿌리가 얼마인지도 모르는 아주 신령스러운 나무가 있었다. 그 신목 주변에는 귀여운 요정들이 살았다. 어느 여름날 요정들은 큰 축제를 벌이고 신목이 흘린 액을 마시고는 황홀감에 빠져 모두 깊은 잠에 떨어졌다. 얼마나 시간이 흘렀을까. 요정들이 깨어나니 신령스러운 나무는 인간들에 의해 베어져 숲을 떠나 아주 먼 곳으로 옮겨져 있었다. 요정들은 자신들이 너무 늦게 깨어났음을 알아챘다.

그러나 신령스러운 나무는 죽지 않고 책과 노트로 만들어졌다. 그래서 요정들 일부는 책으로, 일부는 노트로 옮겨 살게 되었다. 노트로 옮겨 간 요정들은 스스로를 '노타모레', 책으로 옮겨간 요정들은 '부키'라고 불렀다. (중략)

노타모레와 부키는 지금 노트와 책 속에서 인간의 기억을 지키는 수호요정으로 살아가고 있다. 인간들도 그동안을 반성하고 요정들과 평화롭게 살기 시작했다. 그러자 죽어가던 핀란드 자작나무 숲이 다시 잎을 틔우기 시작했다.

여기서 노타모레(Notamore)는 노트와 아모레의 합성어로 '노트를 사랑하는 요정'이라는 뜻이고 부키(Bookie)는 책의 귀여운 요정, 그리고 앞의 이야기 중간에는 원래 네마조네스, 유모리 등의 요정이 나오는데, 네마조네스(Nemajones)는 넷(Net)과 신화적 여성 부족인 아마조네스의 합성어로 네마조네스는 에버노트나 모바일 메모 기능처럼 강력함을 암시한 것이다. 유모리(Umory)는 U(존재하지 않음, Utopia가 여기서 나왔음)와 메모리의 합성어이다.

노트의 요정 이야기는 픽사의 6단계 구조를 응용해 만들었다. 나와 7321 대표는 스토리 초안을 만들어놓고, 소비자들이 당장은 노트와 책을 등한시하지만 언젠가는 다시 유익했던 습관으로 돌아오기를 기대하면서 기록과 기억을 지켜가게 하자고 다짐했다. 7321 대표는 바로 요정 심볼을 만들었다. 강원도 삼척에 있는 대명콘도 1층 어바니(Urbany) 스토리 매장에는 노타모레 1호가 걸려있다. 신령스러운 나무를 배경으로 양손에는 펜과 노트를 든 아름다운 요정 노타모레.

기원이나 역사가 없는 스타트업 회사나 브랜드라도 얼마든지 이런 형식으로 자신만의 이야기를 창조할 수 있다. 지금 당장 당신의 사업이나 브랜드를 픽사 피치로 바꿔보기를 바란다. 특히 교훈을 어떻게 뽑을지 유념하면서. 그러고서 회사 안팎에 걸어라. 홈페이지에도 올려라. 이야기가 사람들 마음속에 기억되면 어떤 홍보 수단보다 강력한 힘을 지니게 된다. 좋은 이야기는 SNS를 타고 퍼져나갈 것이고, 운이 좋으면 드라마 PPL로 나갈 수도 있다.

3

인기가 권력인
사회

"한국에 대통령이 몇 명 있을까요?" 이 질문에 "당연히 한 명"이라고 말한다면 당신은 대한민국 헌법에서 정하는 1인만 생각하는 지나치게 상식적인 사람이다. 아이코닉스가 만든 3D 애니메이션 캐릭터 뽀롱뽀롱 뽀로로는 영유아 어린이들한테는 대통령 못지않은 인기를 누리고 있다. 프랑스 어린이들한테는 심지어 뽀통령으로 불린다. 서태지도 한때는 문화대통령으로 불렸다.

자, 그럼 다시 질문. "한국에 대통령이 몇 명 있을까요?"

니치 대통령들의 인기 비결

마케팅 이론 중 1등의 법칙이라는 것이 있는데 한 필드에서 만큼은 반드시 1등을 하라는 것이다. 세상은 넓고 시장은 많으니 당신만의 시장을 만들어 거기서 1등을 해야 한다. 이 시장이 바로 니치(Niche)로 유럽 중세 시대에 벽에 등을 놓으려고 판 홈에서 유래한 용어다. 이것이 생물학에서 받아들여져 '생물 각 존재들의 고유한 생존 권리 공간'으로 쓰이고 마케팅에서는 '세분화된 작은 시장'이라는 뜻으로 쓰인다. 모두에게는 다 자기만의 니치가 있고 그곳에서만큼 그는 1등 또는 대통령이다.

다음은 우리 사회 각 니치 분야의 대통령들이다. 물론 사람마다 니치 대통령을 다르게 꼽을 수도 있을 것이다.

- **시니어 트위터 대통령 – 이외수**
- **리얼리티 방송 MC 대통령 – 유재석**
- **앵커 대통령 – 손석희**
- **시민 활동 대통령 – 박원순**
- **뇌과학 대통령 – 김대식**(KAIST 교수)
- **대중철학 대통령 – 강신주**
- **남도 음식 대통령 – 황교익**

- 오빠부대 대통령 – 조용필

- 오디션 대통령 – JYP

- 썰전과 글쓰기 대통령 – 유시민

- 인강 역사 교육 대통령 – 설민석

- 보안 솔루션 대통령 – 안철수

이들의 인기는 해당 분야에서만큼은 실제 대통령보다도 훨씬 많다. 실제로 강원도 화천에서 산천어축제 기간에 구제역 때문에 외부 방문객이 급감해서 상인들이 준비한 상품들 판매가 잘 이루어지지 않자 이외수 작가가 트위터에 도와달라는 글을 올렸더니 백만 리트윗이 달리면서 며칠 만에 매진됐더라는 일화도 있을 정도다.

이들은 왜 인기가 있을까? 일단 이들은 대부분 글이나 말이 튀는 사람들이다. 글과 말에 능한 유명인들은 국적 불문하고 인기가 많다. 미국의 인기 여배우인 메릴 스트립이 2016년 오스카상 시상식에서 트럼프의 천박한 부자정신과 독선적인 스타일을 비판하면서 미국의 민주주의와 다원주의를 옹호한 명연설은 연기 말년인 그녀의 인기를 빛내줬다. 페이스북의 여성 COO인 셰릴 샌드버그가 한국에 와서 엄마로서의 삶에 대해 이야기한 인상적인 강연 역시 급속도로 퍼져나갔다. 네티즌들은 그들에 대해 이렇게 선망을 드러낸다. "나도 저 사람처럼 말을 잘했으면…." "저 사람처럼 글을 잘 썼으면…."

요즘은 이들과 조금 다른 각도의 말로 인기를 끄는 현상이 벌어지고 있다. 나영석 PD가 기획한 tvN의 「알쓸신잡」은 '알아두면 쓸데없는 신비한 잡학사전'이라는 이름의 묘한 프로그램인데 꽤 많은 사랑을 받았다. 출연진들이 실력 있는 말꾼들이라는 점 때문이었다. 남도 맛 전문가 황교익, 「썰전」 패널과 글쓰기의 달인 유시민, 뇌과학자 정재승, 소설가 김영하 등 하나같이 말솜씨가 좋은 유명인이 투박하지만 진솔하게 지식을 대방출한다는 점은 시청자들의 관심을 불러일으키기에 충분했다. 이들은 국내를 여행하면서 다양한 관점의 이야기를 펼쳐 딱히 쓸데는 없지만 알아두면 재미있는 '인문학 어벤저스 수다여행'으로 많은 시청자에게 사랑을 받았다.

수다는 산스크리트어인 '수다라(修多羅)'에서 음차되어온 말로 원래 경전을 의미한다. 신성한 경전인 수다라가 오늘날 수다(쟁이)가 된 것은 대중들이 볼 때 승려들이 경전을 읽는 소리가 꽤 수다스럽게 들렸기 때문으로 추측된다. 그런 측면에서 본다면 알쓸신잡 고수들의 수다는 말 그대로 니치 대통령들의 수다 경전인 것이다.

이름도 묘한 채사장의 『지적 대화를 위한 넓고 얕은 지식』은 인기리에 연재된 팟캐스트 방송 「지대넓얕」을 책으로 재구성한 것이다. 제목이 알쓸신잡과 비슷한 구조를 띤다. 저자는 역사 · 경제 · 정치 · 사회 · 윤리 전 과정을 마치 천일야화처럼 재미있게 풀어간다. 그런데 '넓고', '얕은' 이라니! 그 제목을 보자마자 웃음이 나오고 그 솔직함에 마음이 열린다. 이런 사례들은 솔직하면서도 아는 체하지 않고 좀 투박한 티를 내야 인기를 끄는 요즘 시대의 한 현상이라고 할 만하다. 워딩 파워 패션의 세대교체라고나 할까?

양복 입은 원숭이의 속마음을 보라

중세 시대의 전쟁에서 쓰이는 활은 매우 강력한 무기였다. 활은 말과 글에 비유할 수 있다. 획 날아가서 상대 가슴에 팍 꽂혀 상황을 극복하는 비밀병기가 바로 글과 말이다.

그런데 요즘은 좀 속내를 보여줘야 대중들에게 활처럼 강한 인상을 심어줄 수 있다. '피핑 톰(Peeping Tom)'이라는 영어가 있다. 고디바 설화[4]에서 유래한 것으로 흔히 남자들의 관음증을

---

4 영주의 부인인 고디바가 알몸으로 길을 걸어야 했을 때 모든 주민이 문을 닫고 내다

뜻한다. 이 피핑 톰의 심리가 뭔가 안을 들여다보려는 대중들의 심리하고도 통할 것 같지 않은가. 대중은 유명인들의 알몸을 보고 싶어한다. 그래서 누군가 속 시원하게 보여주면 인기가 솟는다. 그것에 능통했던 사람이 트럼프다.

트럼프는 미국 남자 백인들의 속마음을 읽고 그것을 시원하게 터트렸다. 도덕성은 몰라도 머리는 좋은 것이다. 그래서 대선 결과가 나온 뒤 이런 말이 나왔다. "샌더스는 미국인의 이상을 말했고 힐러리는 현실을 말했는데 트럼프는 속마음을 짚었다."

우리나라에서도 386 세대 서민과 젊은 세대의 박탈감을 읽은 김어준 딴지일보 총수와 그의 친구들은 여전히 팟캐스팅 대통령이다. 워딩 파워는 깊은 공부와 긴 가방끈으로만 되는 것이 아니다. 시대와 사람의 속마음을 잘 읽어야 한다.

사람은 기본적으로는 원시인의 심성을 가지고 있다고 한다. 그래서 진화심리학자들은 "현대인은 양복 입은 원숭이다"라고 말한다. 원숭이의 솔직한 심성을 건드려줘야 마음을 열고 설득이 된다.

저명한 행동경제학자인 로버트 치알디니 박사는 『설득의 심리학』 시리즈 2권에서 ① 상호성의 원칙(내가 잘해주면 상대방도

보지 않았는데 톰만 문틈으로 고다이바를 몰래 봤다. 자세한 내용은 111쪽 참고.

호의를 보인다) ② **일관성의 원칙**(토론에 참여를 시키면 참여자는 자신이 한 말을 지키기 위해서 자신의 신념과 다르더라도 말을 지키려고 노력한다) ③ **사회적 증거의 원칙**(예를 들어, '연 1억 개 팔리는…' 등) ④ **권위의 원칙**(예를 들어, '미국 포브스지에 따르면…', '2016년 토니 상 수상 뮤지컬' 등) ⑤ **희소성의 원칙**(예를 들어, '이제 단 세 개 남았습니다' 등) ⑥ **호감의 원칙**(미국 배심원들은 '푸른 눈의 금발 미인이 흉악한 범죄를 저지를 확률은 낮다'라고 믿는다)과 같은 여섯 가지 설득 방법을 제시했다.

　이것은 지인의 속마음을 읽는 워딩 파워에도 통한다. 연인과 헤어져 마음이 아픈 후배한테 심리학 책 몇 권 읽었다고 후배를 똑바로 쳐다보면서 "연애 심리학에 의하면 이럴 때는…"이라고 해봤자 설득이 안 된다. 연애 고수처럼 보이던 선배가 하늘을 바라보면서 한숨 푹 쉬고는 (상호성과 권위의 원칙에 따라서) "네가 보기에 내가 결혼생활 잘하는 것 같지만 나도 속상할 때가 있었어. 말을 안 해서 그렇지 실은 나도…"라고 하면 후배는 마음을 열게 된다. 워딩 파워가 별건가. 양복 입은 원숭이의 속을 보라.

SNS 시대의
의사소통

SNS는 현재를 지배하고 있는 미디어이다. 이 미디어는 글과 비주얼(사진 등) 그리고 스티커 등으로 이루어져 있다. 그런데 비중이 점점 글에서 비주얼로 옮겨가는 중이다. 사진, 그림, 상징이나 사인(Sign) 등의 비주얼은 의사소통에서 직관적이며 암시적이고 심상을 만드는 데 매우 강력한 힘을 발휘한다. 그러나 이것들은 주관적이며 추상적이라는 약점도 가지고 있다. 자칫하면 이해에 혼선이 온다.

얼마나 아름다운 손인가!

온통 얼굴과 팔다리가 쭈글쭈글한 노파를 그린 프랑스 유화 한 점이 있다. 할머니 그림 하면 대개 '오! 나의 할머니' 하면서 따뜻한 기억을 떠올릴 텐데 그림 아래에 붙은 제목은 그런 통념을 깨버린다. '젊을 때 고급 매춘부였던 여자.' 또 하나, 때가 묻고 손에 못이 박힌 투박한 남자의 손을 찍은 흑백사진이 있다. 당신이라면 어떤 느낌을 받을 것인가? 만일 당신이 이 사진을 아름답게 봤다면 당신은 상류층 취향이다. 이것은 실제 20세기 후반 프랑스 사회조사 연구에서 나온 '아비튀스(Habitus 계층별 문화적 취향) 이론'에 나온 사례이다. 그 이론을 발표한 프랑스 사회학자 피에르 브르디외에 따르면 노동자들은 마치 그 손이 자기 손 같아 눈을 찡그리며 피하는 반면 상류층들은 "오, 이 얼마나 아름다운 손인가" 하며 예찬한다고 한다. 계층에 따라 같은 손 사진도 달리 보이는 것이다. 두 가지 예들은 똑같은 사진이나 그림을 보고도 사람마다 판단하는 정보는 제각각일 수 있음을 보여준다.

국내 예를 하나 더 들어보자. 제주도를 대표하는 화가인 변시지는 폭풍의 화가, 빛과 바람의 순례자 등으로 불린다. 세계 최대의 미국 스미소니언박물관에 그림 두 점이 전시되어 있는

데 이는 현대화가로는 아시아에서 유일하다고 한다. 나는 운 좋게 그분의 그림들을 볼 수 있었고 그것들을 스토리텔링할 기회를 얻은 적이 있다. 그중 다음의 그림 네 점은 워딩 파워 관련해서 시사하는 바가 커서 소개해본다.

[그림 1] 주인 없는 배가 바닷가에 있고 까마귀가 그를 보고 있다. 배는 황금빛으로 빛난다.

[그림 2] 주인 없는 배가 있고 까마귀가 그를 보고 있다. 배는 난파선처럼 빛을 잃고 낡았다.

[그림 3] 새벽 폭풍이 부는 바닷가 초옥 앞에서 말이 바다에서 위태로운 배를 보고 있다.

[그림 4] 햇볕이 뜨거운 바닷가에서 픽토그램 같은 아이들이 모래사장에서 놀고 있다.

얼핏 보면 [그림 1]과 [그림 2]는 같은 대상을 그린 것이고 [그림 3]과 [그림 4]는 전혀 다른 대상을 그린 것 같다. 그런데 그림들의 제목은 똑같이 「이어도」이다. 제주도 어부와 해녀들이 죽어야만 갈 수 있다는 상상의 섬 이어도. 나는 이 제목을 보고서야 비로소 화가가 생각하는 이어도를 이해할 수 있었다. 폭풍, 현실의 죽음, 신화, 그리움과 평화 등등. 그때 이어도라는 제목은 화가가 생각하는 개념 즉, 워딩 파워를 드러낸다. 이처럼 시각적 이미지는 워딩 파워와 결부될 때 제대로 이해될 수 있다.

호모 비주얼(Homo Visual)의 탄생

아이폰이 출시된 이후 비주얼 시대가 급속한 속도로 도래했다. 스마트폰 강국인 미국이나 한국 등은 특히 더 그렇다. 최근 아이폰 광고는 대부분 사진기 기능과 관련된 내용이다. 발 빠른 젊은 층들은 블로그와 페이스북이나 트위터를 지나 이제는 영상과 사진 미디어인 유튜브와 인스타그램으로 디지털 이민을 가고 있다.

비주얼 세대의 일상은 어떨까? 아마 한국이 전 세계에서 가장 먼저 보여주고 있을 것 같다. 버스나 지하철을 타보면 90퍼센트 이상의 승객이 고개를 숙이고 스마트폰으로 무언가를 하고 있다. 스마트폰이 발명된 2009년 전만 해도 책이나 신문을 보는 사람이 30~40퍼센트는 되었던 것에 비하면 많이 변했다.

이들이 스마트폰으로 하는 것은 대체로 게임이고 그밖에도 드라마 시청, 쇼핑몰 검색, 메시지 주고받기 등이다. 대부분 시각적 내용이며 카카오톡이나 네이버밴드 같은 메시징 앱도 최근엔 동영상, 사진부터 스티커와 이모티콘 표현으로 이동 중이다. 스티커만 해도 무려 30만 종이 넘는 것으로 알려져 있다. 신(新) 상형문자 시대의 도래라고도 일컬어지는 상황 속에서 문자(text)가 점점 설 자리를 잃어가고 있는 것이다.

게다가 요즘 사람들은 '셀카(Selfi)'만 있다면 혼자서도 잘 논다. 셀카를 찍기 위해서 맛집도 가고 쇼핑도 하고 화장도 하고 한복도 입고 여행도 간다. 가히 호모 셀프비주얼(Homo Self Visual) 종족의 탄생이거나 나르시시즘의 신풍속이라고 할 만하다. 요즘은 관광지나 축제, 이벤트 장소에 포토 존이 빠지지 않고 마련돼 있다. 마케터들은 셀카를 즐기는 대중을 노리는 시도를 많이 한다. 어떤 백화점은 화장실에 잘나가는 팝스타 이미지를 붙여놓았더니 젊은 층들이 대거 몰려들어 셀카를 찍어 홍보 효과가 매우 컸다. 문자·전신 시대에는 엽서쟁이, 전화 시대에는 수다쟁이, 블로그 시대에는 리포터였다면 지금은 모두가 잠재석 AV 스타, 사진직가인 것이다.

그런데 셀카 열풍과 비주얼 중심 문화 뒤에는 딱한 현상도 있다. 젊은 세대가 몰리는 서울의 서촌이나 북촌 등이 장사가 잘될 것 같지만 사실은 별로라고 한다. 골목을 오가는 사람은 많아도 대부분이 셀카만 찍고 커피 한 잔, 떡볶이 한 접시를 먹고 간다는 것이다. 기업 사무실 상황도 썩 좋지는 않다. 요즘 기업의 기획파트 상사들은 신입 직원들 기획서가 독특한 서체를 사용하거나 사진이나 동영상 등을 삽입해 화려하기는 한데 문장들이 엉망이고 쓸 만한 아이디어나 뾰족한 개념이 없다고 곧잘 하소연한다. 왜 그럴까?

워딩 파워의 정글, SNS

다중지능 이론을 주장한 하버드대학교 하워드 가드너 교수는 미국의 앱 세대가 자기만의 비전을 가지거나 생각하는 힘이 부족하고 개념을 포착하는 언어 상술력이 떨어졌다고 지적한다. 워딩 파워가 힘을 잃어가는 또 하나의 이유는 커뮤니케이션 미디어(이메일, 문자, 카톡, 밴드, 텔레그람, 페이스북, 유튜브, 인스타그램, 핀터레스트, 네이버 지도, 구글 어스 등뿐만 아니라 스팸에 가짜 뉴스까지)가 너무 많고 또 빠르게 변하므로 진득하게 생각할 틈이 없기 때문이다. 정제되지 않은 인스턴트(Instant)나 날(Raw) 것을 보여주기에도 급급한 현실이 안타깝다.

[사례 1]

앞서가는 파도가 뒤따라오는 파도에게 말했다.

"넌 모를걸. 우린 오늘 다 부서져. 다 없어진단 말이야. 무서워."

하지만 뒤따라오는 파도는 생각이 달랐다. 그는 이렇게 대답했다.

"너는 네가 파도라고 생각하기 때문에 무서운 거야. 난 무섭지 않아. 우린 바다의 일부니까."

[사례 2]

이 아사리 판을 어찌하나.

단순하게 한마디로 평가하는 말더듬이.

각자 경험치에 단순 대비하는 귀머거리.

너희들은 잠자코 가라.

(중략)

하찮은 삶을 사는 이들에게 그대가 지푸라기였다.

페이스북에서 이 정도 수준의 글이면 최소한 85점 이상, 우수한 축에 속한다. 그런데 좀 더 분석해보면 다르게 보인다. [사례 1]은 다른 사람의 글을 그대로 옮겨온 것이다. 관점의 전환, 의인법 사용, 긍정의 사고 등이 담긴 문학적인 글을 자신만의 워딩 파워로 만들기보다는 남이 글에 단순히 빙의한 것이다. 본인 생각을 담아서 발전시키지 못했다는 아쉬움이 남는다.

[사례 2]는 내가 아는 한 홍보회사 대리가 쓴 글이다. 평소 넉넉한 인품을 가진 후배였다. 그런데 아사리 판, 말더듬이, 귀머거리, 너희들 등의 단어 선정이 꽤 부정적이고 사납다. 그중 글쓴이의 심정을 단적으로 드러낸 단어가 '아사리 판'이다. 아사리는 토박이말 '앗다(奪)'의 줄기 '앗'에 '을'과 '이'가 붙은 말로 내 것을 빼앗으려는 사람이 많아 무법천지가 된 판을 비유한 단어다. 한편 덕망이 높은 스님을 아사리라고도 하는데 이들이 모인 판이면 다양하고 깊은 의견들이 개진되고, 오랜 시간 활발하게 토론이 이루어질 것이다. 만약 이런 모습을 피상적으로 보면 자신들의 주장만을 앞세우기 때문에 무질서하고 소란스럽게 비춰질 수도 있다. 즉 이 글에서 아사리판은 귀머거리 말더듬이 상사에게 판을 뺏긴 심적 상태를 드러내면서 무질서한 현상을 뜻하는 말로 쓰였다.

이 글을 보는 사람은 글쓴이의 상황을 모르더라도 자신도 아사리 판에 있는 듯한 기분에 빠질 가능성이 높다. 만일 이를 '그대는 나의 지푸라기, 왜 그랬을까요? 분명 이유가 있을 텐데…. 다음엔 더 듣고 더 신중하게 말해주시기를'이라고 했다면 어땠을까? 아마 글쓴이의 감정이 정제되어 글을 보는 이도

편했을 것이다.

그래도 이 정도면 일단 우수한 편이다. 10~20대들의 글은 이들이 정말 한글을 만든 나라에서 국어교육을 받은 세대인가 싶을 정도로 심각하다. 그들이 쓴 글을 보고 있노라면 차마 더 이상 읽고 싶지 않을 때가 많다. '개-, 꿀-, 핵-, -잼' 등이 웬만한 단어나 문장에 마치 접사처럼 들어간다. 남녀 구분도 없다. 이런 말들은 마치 고추장이나 설탕으로 범벅된 요리 같은 것들이어서 맛도 변별력도 없다. 그런데 여기서 그칠 것 같지 않다. 이제 SNS는 문자를 넘어 비주얼 판으로 가고 있기 때문이다.

트위터, 페이스북에서 인스타그램으로

인스타그램은 사진 및 동영상을 공유할 수 있는 소셜미디어 플랫폼이다. 다양한 디지털 필터 효과를 통해 사진을 예쁘게 꾸며 공유할 수 있는 사진과 동영상 전용의 모바일 SNS다. 사진 한 장이나 15초 내외 동영상만 올리면 되기 때문에 이용이 간편하며 원하지 않는 사람과 상호관계를 맺지 않아도 된다. 2014년 12월 인스타그램은 전 세계 월간 활동사용자(MAU) 수가 3억 명을 돌파했으며, 무려 300억 장의 사진이 게재됐다. 하루 평균 7천만 장의 사진이 올라와 공유되며, '좋아요' 수는 25억 개에 이른다.

인스타그램(Instagram)이란 단어는 '인스턴트(Instant)'와 '텔레그램(Telegram)'이 더해져 만들어졌다. '세상의 순간들을 포착하고 공유한다'라는 슬로건을 내걸고 2010년 출시됐다. 2년 뒤인 2012년에는 10억 달러에 페이스북에 인수됐다. 글로벌 이용자는 2016년 6월 기준으로 5억 명을 넘어섰다. 2년 사이에 두 배로 늘어난 것이다. 이용자가 크게 늘어난 이유는 무엇보다 사진 한 장으로 자신을 표현할 수 있고 또한 쉽게 다른 사람과 소통할 수 있다는 점 때문일 것이다. 요즘같이 바쁘고 읽을 것 많은 사회에서 짧은 순간 처리해야 할 정보가 많은 긴 글에는 다가가기 쉽지 않다. 두 번째는 해시태그(#)이다. 관심 키워드만 입력해도 관련 이미지 사진을 모아볼 수 있다. 이것은 새로운 검색기능의 도입이자, 빅데이터 중 하나이다.

그러나 이에 대한 반론도 꽤 많음을 잊지 말자. 인스타그램 이용자는 전체 인구의 7퍼센트인 겨우 5억 명일뿐이다. 이들의 주된 사용자층은 아직 자기 지식이 여물지 않은 10~30대들로 지식계 파급력이 약하다. 수천 년 인류의 지식 자산 90퍼센트 이상은 워딩 파워로 되어있다. 인스타그램을 인수한 마크 저커버그도 사실은 독서를 권장하는 캠페인을 펼치는 인물이다.

다음은 이 흐름에 반대하는 실제의 경향이다. 앞에서 본 문제 때문에 기업의 대응도 바뀌고 있다. 최근 아마존과 나이키 등에서는 사진, 디자인, 동영상 등 이미지를 중시하는 파워포인트 보고 방식을 금지했다고 한다. 나이키에서는 A4 용지 두 장 이내로 생각을 일목요연하게 서술하는 습관을 강조한다.

이런 공식적인 반대 경향을 제외하더라도 워딩 파워를 중히 여기는 풍조는 없어지기 힘들 것 같다. '1분의 법칙'이라는 것이 있다. 만일 엘리베이터에서 사장을 만났다고 치자. 여간해서는 만나기 힘든 사장이 "자네 요즘 뭐 하나?" 하고 물으면 엘리베이터가 움직이는 1분여 안에 현재 진행 중인 프로젝트에 대해 설명함으로써 사장의 고개를 끄덕이게 해야 한다는 것이다. 그럴 때 스마트폰으로 이미지를 보여준다면 자신을 제대로 어필하기 힘들 것이다.

한국에 아프리카와 바오바브나무의 아름다움을 본격적으로 소개한 사진작가 신미식은 2009년 무렵 공개 강의에서 좋은 사진을 찍으려면 어떻게 해야 하느냐는 질문을 받고는 세 가지 방법을 제시했다. 그중 하나가 "찍은 사진에 꼭 제목을 붙여보는 습관을 가지라"는 조언이다. 그래야 자기가 무엇을 왜 찍었는지를 알게 되기 때문이란다. 디자인과 교수들도 학생들에게 디자인을 하고 나면 그것에 글로 자신의 생각을 표현하라고 가르친다고 한다. 디자인도 당연히 개념이 필요하며 그것은 말이나 글로 표현되어야 하는 것이다.

그래서일까. 우리나라에 새삼스럽게 글쓰기 열풍이 불고 있다.

글쓰기 강좌 열풍 VS 안 팔리는 출판 시장

다음은 글쓰기 열풍을 소개하는 2016년의 한 온라인 신문 기사다.

SNS에서부터 자기소개서(자소서)에 이르기까지 이제는 모두가 글을 쓰는 시대다. 어떻게 하면 사람들이 주목하는 좋은 글을 쓸 수 있을까라는 취지에서, 키보드 앞에 앉으면 머리가 하얘지는 젊은이들을 위해 글쓰기 특강이 열린다. SNS에 좋은 글을 쓰고 싶은 블로거부터 자소서를 준비하는 취업준비생(취준생), 정론직필을 꿈꾸는 예비기자 등을 위한 글쓰기 기초 4주 특강 '글쓰기 치트키, 4주 만에 알려줘' 아카데미가 서울 모처에서 열린다. (중략) 4주간 열리는 이번 특강에는 0 신문 논설실장이 '팩트에 입각한 글이라야 진짜 글이다', 0 편집장은 '글쓰기의 기본, 기사 작성에서 시작하자', 0 교수는 '맛

있는 글쓰기', ○ 소설가는 '글로 마음 훔치기'를 주제로 강연에 나선다.

여러 기사를 보아도 글쓰기 강좌는 대체로 이런 구성으로 가는 것 같다. 실제로 포털 사이트에서 글쓰기에 대해 검색해보면 꽤 다양한 정보가 나온다. 그런데 글쓰기 열풍을 마냥 낙관적으로 볼 수만은 없다. 글을 쓰려면 독서가 뒷받침돼야 하는데 출판업계는 5년 전부터 판매율 저하로 매우 고전 중이기 때문이다.

'국민 독서실태 조사'에 따르면 성인의 종이책 독서율은 2013년까지 증가세를 유지했지만 2016년부터 감소 추세로 돌아섰다. 2010년 성인의 연간 독서량은 10.8권이었지만 2016년에 처음으로 10권 아래인 9.1권으로 내려갔다. 한국출판문화진흥원의 '2015 출판 산업 실태조사'에 따르면 2014년을 기준으로 책을 한 권이라도 판매한 적이 있는 오프라인 서점은 1,756개로 전년에 비해 25.4퍼센트나 줄었다. 2015년 서적류 온라인 쇼핑 거래액도 1조 1509억 원으로 전년의 1조 2804억 원보다 10.1퍼센트 줄었다. 2014년 전체 출판사는 4만 2,698개였지만 매출이 발생한 곳은 3,614개에 불과했다.

출판업계는 심각한 불황을 겪고 있는데 글쓰기만 열풍이라면 이는 벌이 꽃의 꿀을 먹지 않고 꿀통을 차리는 것과 같다. 그러면 로얄제리는 없는 설탕 꿀만 나오지 않을까.

최근 들어 광고에서 명카피를 본 기억이 별로 없다. 대부분 인기 스타 중심에 합성어로 된 영어, 개그, 말장난, 아이돌의 도발적인 행동 중심이다. 재치 있고 감각적인 문구가 일부 보이나 깊이는 그다지 없다.

그럼에도 글쓰기 열풍은 일단 좋은 일이다. 글쓰기를 하면 일단 백지에 대한 공포감이 줄어든다. 수사법도 비교적 자연스럽게 구사할 수 있다. 고전적 깊이는 없더라도 실용적 사실에 입각한 글을 쓰는 것도 나쁘지 않다. 또한 글쓰기 공부를 통해 리드-본문-정리의 3단계 글쓰기 방식을 배우면 기획서를 깔끔하게 쓸 수도 있다.

마음을 도난당한 자만이 훔칠 수 있다

앞에 인용된 기사에서 강의를 하는 소설가는 강의 제목을 '마음 훔치기'로 정했다. 세상에서 가장 어려운 것이 두 가지가 있다고 한다. 하나는 남의 지갑 돈을 내 지갑으로 옮기는 것이요, 또 하나는 내 가슴에 있는 생각을 상대방 가슴에 넣는 것이다. 정말 동의한다. 그런데 마음을 먼저 도난당한 적이 없는 사람은 내 마음이 뭔지 모르고, 남의 마음도 알 수가 없어 훔치기가 어렵다.

광고계에는 데이비드 오길비나 윌리엄 번벅 등 전설적인 카피라이터가 여러 명 있는데 그들은 대부분 제1차 세계대전이나 미국 대공황 시기를 견딘 사람들이다. 그들은 카피를 쓰기 전 세일즈맨으로 힘들게 살아야 했다. 이런 경험이 있었기에 소비자 마음을 훔치는 카피를 쓸 수 있었을 것이다. 지금은 미국에서도 AR·VR의 테크닉 광고, 서프라이징한 체험·감동 마케팅 아니면 빅데이터 중심의 광고가 대부분을 차지한다. 마음을 도난당한 적이 없는 광고들 말이다.

문학계도 마찬가지다. 우리나라의 젊은 소설가들은 감각과 재치, 기교는 늘었으나 서사는 약해졌다는 지적이 나오고 있다. 이들이 전쟁이나 내란, 지독한 국가적 가난과 독재 등 사회적 마음을 도난당하는 시대를 경험할 수가 없었던 것은 사실이다. 작가의 워딩 파워는 대부분 강렬한 과거의 체험을 양분 삼아 만들어지는데 이러면 빈약한 서사적 재료가 결국 레시피가 빈약한 요리를 만드는 셈이 된다.

영화나 드라마도 물론 상황은 대동소이하다. 「별에서 온 그대」, 「태양의 후예」, 「도깨비」, 「시카고 타자기」 등은 화려한 배우 캐스팅에 흥미롭고 감각적이었지만 단단한 현실에 기초하지 않아 반짝 인기로 그치고 말 가능성이 높다. 「친구」, 「여명의 눈동자」, 「미생」처럼 오래 남는 작품들은 대체로 워딩 파워가 탄탄하다. 윤태호 작가의 웹툰 「미생」은 30대 비즈니스맨들에게는 어록 고전이다. "회사가 전쟁이라고? 바깥은 지옥이야", "먼지 같은 일을 하다가 먼지가 되어버렸어" 등 기업생활을 해 본 적이 단 한 번도 없는 윤태호 작가는 이런 대사를 썼다. 한 종합상사 대리를 집중적으로 물고 늘어지면서 가상 체험을 했기 때문이다.

워딩 파워는 생각의 힘에서 나온다. 생각의 힘은 배신을 딛고 난 뒤의 굴절된 욕망과 이를 반전시킨 비전에서 나온다. 인생을 격하게 살며 꿈을 꾸고 세상과 맞서다 마음을 도난당해보고 그래서 자기만의 충분한 콘텐츠가 있다면 글쓰기 공부에 날개가 달릴 것이다.

『노동의 배신』을 쓴 바버라 에런라이크는 미국 소외층의 노동 현실을 알기 위해서 신분을 바꾼 뒤 빈곤 체험을 했다. 원래 생물학을 공부한 저널리스트였던 그녀는 웨이트리스, 청소부, 월마트 판매원 등을 하면서 노동 현실을 알아간다. 책의 원제는 'Nickel and Dimed'이다. '야금야금 빼앗기다', '근근이 살아간다'라는 뜻이다. 이 책은 600개 이상의 대학에서 필독서로 지정되었고 미국에서만 150만 부 팔리면서 빈곤 문제에 대한 현대의 고전으로 자리 잡았다.

요즘 많이 회자되는 알리바바 회장인 마윈의 통찰력도 아마 배신의 현실에서 나왔을 것이다. 그래서 그의 말은 생생한 어록이 된다. 중국 최대 전자상거래 기업을 만든 마윈은 작고 못생겼으며 학벌도 좋지 않았다. 그는 좌충우돌하면서 살았다. 아마도 보물의 동굴을 찾은 소년 알리바바는 그의 꿈이었을 것이다. 그래서 그의 워딩 파워는 특히 루저들에게 공감을 준다.

SNS 시대는 분명 축복이다. 잘만 쓰면 편리하고 생활을 윤택하게 해준다. 그러나 워딩 파워 관점에서 보면 부작용도 많은 것이 사실이다. 유능한 사람이 되고 오래오래 영향력을 미치는 리더가 되려면 워딩 파워와 생각력을 키워야 한다. 실용적 글쓰기 열풍에 편승하는 것만으로는 좋은 워딩 파워를 기대하기 힘들다. 남의 마음을 얻는 워딩 파워가 나오려면 스스로 낮은 데로 가야 한다. SNS는 Social Network Service의 줄임말이지만 여기에만 의지할 경우 그것은 Short, Numb, Stupid(시각이 짧고 감각이 마비되어 어리석은)가 될 수도 있다.

5

멈출 줄 모르는
욕망의 전차

"광고는 욕망의 전쟁이다."

광고계 전설이었던 선배가 들려준 이야기다. 나는 "광고는 독가스"라는 미국 유명 카피라이터의 정의에 이어 선배가 들려준 그 말을 아직도 기억한다. 욕망은 17세기 영국을 대표하는 사상가인 토마스 홉스가 상상했던 바다 괴물 리바이어던처럼 거대한 실체다. 따라서 이번에는 워딩 파워가 왜 필요한지를 소비와 마케팅 욕망에서 찾고자 한다.

소비의 그물에 갇힌 21세기

국민소득이 3만 달러에 달하는 시대에 도래했지만 우리는 이상하게도 늘 돈이 부족하다고 느낀다. 이는 과도한 소비 탓이다. 어느덧 소비에 중독된 존재가 되어버린 것이다. 한 달, 또는 1년에 쓰는 소비 내용을 꼼꼼하게 적어보면 생각보다 많이 쓴다는 사실을 알 수 있다. 시골에 사는 사람들도 돈 때문에 비상이다. 예전엔 땅 좀 부치면 자급자족하며 살았는데 요즘은 휴대전화 통신비에 심지어 마실 물까지 사야 한다. 시골이 이 정도면 도시는 더 말할 나위가 없다.

소비재 기업들은 소비가 신성한 의무라고 강조하면서 소비만이 사람들이 할 일인 것처럼 호도한다. '소비=행복' 프레임을 씌워버린 것이다. 자본주의 비판론자들은 기업을 욕하지만 기업만 욕먹을 일도 아니다. 어떻게 보면 이건 화간(和姦)에 가깝다. 기업과 소비자 간의 이해가 맞아떨어졌기 때문이다. 독일의 철학자이자 미디어 이론가인 노르베르트 볼츠도 1995년 저서 『컬트 마케팅』에 "삶은 소비를 고급예술로 보는 끊임없는 자신의 노래이다. 이러다 보니 우리는 유행과 여가 시간 활용과 육체 숭배에 대해서 말하고 있다"고 썼다.

이제 소비는 예술이고 종교가 되었다. 그러나 생각하는 힘의 근원이 되는 예술과 종교와 달리 소비는 블랙홀처럼 생각하는 힘을 빨아들인다. 현대인의 생각하는 힘이 약화된 원인이 여기에 있다. 그래서 2000년대 중반 우리 젊은이들 사이에서 유행한 '된장녀, 브랜드녀, 무뇌 인간' 등은 이러한 현실을 잘 반영한 말이었다.

그나마 우리는 다른 선진국들에 비해 소비를 중시하는 현상이 더디게 진행되는 편이다. 프랑스 소설가 베르나르 베르베르는 저서 『제3인류』에서 세계를 움직이는 일곱 세력 중 첫 번째로 자본주의의 핵심인 '호모 콘수메리스(Homo Consumeris)'를 꼽았다. 이는 소비하는 인간들이라는 뜻이다. 프란시스코 교황이 2015년 성탄절 축사를 통해 현대 자본주의에 첫 번째로 보낸 경고는 과도한 소비였다. 소비는 이렇게 현대 사회를 움직이는 배후이면서 혼자 힘으로는 빠져나오기 힘든 늪이다.

과거 유럽에서 소비는 경멸스러운 행동이었다고 한다. 1980년대까지 우리 사회도 그랬다. 소비하는 사람들은 씀씀이가 헤프다고 간주되었고 나가서 외식하려면 어른들 눈치를 봐야만 했다. 요즘은 잘나가는 즉석 밥이 당시엔 안 팔린 이유가 주부들이 주위 시선을 의식했기 때문이었다고 한다. 그러다가 상황이 서서히 바뀌었다. 외식하는 엄마, 최신 버전의 스마트폰을 사주는 엄마가 세련된 엄마가 되었다.

현대인에게 소비 없는 삶은 있을 수가 없다. 소비는 필요를 충족시키는 데서 나아가 자신을 적극적으로, 혹자에게는 유일하게 드러내는 행위이다. 소비에 기꺼이 빠져들든, 소비를 이용하든, 아니면 소비의 각성자 역할을 하든 우리 모두는 그래서 소비의 그물에 갇혀있다.

욕망의 전차는 종착역이 어디일까

그런데 소비를 자극하는 것은 소득이 아니다. 욕구다. 돈 있다고 사는 것이 아니다. 진짜 큰 부자들은 오히려 소비를 별로 하지 않는다. 기업은 늘 욕구를 찬양하며 자극하고, 마케팅은 욕구라는 강에 일단 물면 빠져 나올 수 없는 낚싯대를 드리운다. A. 매슬로가 1960년대에 제시한 '욕구 5단계' 이론은 지금도 경영과 동기 부여 이론에서 꽤 잘 통한다. 욕구는 영어로 니즈(Needs)이며 여기엔 '필요한', '궁핍한' 등의 뜻이 있다. 그래서 인간이 동물인 한 욕구 충족은 자연스러운 것이며 적당하기만 하면 신이 "너희는 번성하라"고 요구한 미덕에 속한다. 그것이 배고픔, 집, 성적(性的)인 것이든 뭐든 간에. 미국의 광고회사인 월터 톰프슨은 AE제를 도입하고 잡지 광고에 사진을 도입하는 등 혁신적인 기법을 펼쳤다. 1920년대에 그 회사 사장인 스탠리 리저는 심리학을 산업에 적용해서 '허영과 배고픔, 두려움, 탐욕에 의해 움직이는 일그러진 대중'이라는 이미지를 만들었다. 1900년대 초기 심리학자와 광고 선구자들은 대중의 그런 일그러진 욕구를 집중 조작했고 100년이 지난 지금도 이 프레임은 여전히 잘 통한다. 그런데 욕구와 일견 비슷해 보이지만 꽤 다른 심리가 있다. 욕망이다.

욕망은 욕구 너머의 욕구, 사회적인 것, 타자를 의식한 표현과 인정 심리에서 나온다. 욕망 프레임에서의 소비는 과시와 기호, 쇼핑 홀릭 등으로 나타나는데 이때 자아는 심리적 공허감을 느끼며 보상으로 자신을 꾸미는 '연극적 자아'가 된다. 젊은 저소득층이 주로 이용하는 소셜 커머스와 쿡방 등은 저가로 결핍을 해소하는 자연스런 욕구 소비 같지만 사실은 아니다. '앞선 형태'와 '합리적 소비'를 한다는 점에서 과시이며, 중복 소비, 쇼핑 홀릭의 모습을 보인다는 점에서 욕망 소비에 가깝다. 욕망에는 탈출 심리도 있다.

내가 알고 있는 L에게서는 그런 욕망이 느껴졌다. 20대 중반, 가녀린 체구에 가느다란 목소리의 하얗고 예쁜 얼굴, 홍대 앞의 바와 식당 등에서 알바를 하는 그녀는 판타지 소설가가 꿈이다. 그녀는 SNS 글 끝에 꼭 '-피카'를 붙인다. 피카츄는 "피카"밖에 말을 못 하지만 화가 나면 100만 볼트 전류를 흘려 공격하는 괴력의 소유자다. '-피카'라고 붙이는 글 끝엔 L의 100만 볼트 전류의 탈출 욕망이 숨어있다. 조그맣고 말도 못 하는 왜소한 현실을 탈출하려는. 그녀는 아직도 알바녀의 일상을 벗어나지 못하고 있다. 그럴수록 그녀의 피카츄는 더 크게 으르렁거린다. 어느 나라나 20~30대 싱글 여성들 상황은 대체로 L과 비슷할 것이다.

욕망은 충족을 원한다는 측면에서는 욕구와 비슷하다. 그러나 둘은 본질적으로 다르다. 사람들도 은연중에 둘을 구분한다. 욕구를 결핍이나 충족이란 말과 짝으로 쓰는 데 비해 욕망은 끝, 더러운, 화신, 탈출이란 말들과 짝을 이룬다. 정신분석 심리학자들은 '타자를 의식한 욕망'이란 말을 사용하는데 친구, 형제, 경쟁자처럼 짝 간에 극단적으로 발생해서 죽음에 이르는 경쟁을 만드는 것이 바로 욕망이라고 한다.

중국도 욕망의 전차를 타고 달리기 시작했다. 중국에는 왕뤄훙런(網絡紅人, 인터넷 스타) 열풍이 불고 있다. 미모의 파워 블로거들이 패션과 뷰티 등에서 모방 소비를 일궈낸다. 대표적인 블로거가 파피장. 나이는 29세, 중앙희극학원의 대학원을 졸업하여 스스로를 자칭 재능미녀라 칭하는 BJ(Broadcasting Jockey)이다. 패션업계에서만 왕훙 경제가 17조 원에 이른다. 한국은 이런 파피장 바람이 먼저 불었다. 드라마 「꽃보다 남자」는 2008년 일본 원작의 리메이크로 돈의 욕망을 그대로 드러낸 작품이었다. 2015년 20퍼센트대 높은 시청률을 올렸던 SBS 드라마 「별에서 온 그대」에서 주목할 것은 천송이가 온몸에 문신처럼 새긴 패션 아이템이다. 한 여성 시청자가 제10화 드라마 한 편을 탐구해 올린 다음의 패션 아이템을 보면 감탄스럽다.

> 마크 제이콥스 맨투맨, 블루마린 코트, 랄프 로렌 사이하이 (Thigh High) 부츠, 톰포드와 콜롬보 가방, 돌체 앤 가바나 블라우스, 발망 자켓, 디디에 두보 귀걸이, 주세페 자노티 구두, DVF 맥시 드레스, 어그 오스트레일리아 실내화, 마쮸 니트, 블랙뮤즈 헤어밴드 토즈 벨트, 샤넬

한국과 중국 등에서는 이들을 얻기 위한 열풍이 불었다. 이런 행위에 대해 『공감의 시대』 저자 제레미 리프킨은 "연극적 자아는 물질적 대상에 둘러싸여 끊임없이 그것들을 다양한 방법으로 다시 배열하며, 상징으로 바꾸어 타자로부터 특별한 반응을 유발한다"라고 설명한다. 리프킨에 따르면 자아는 시대에 따라 변화하는데 연극적 자아는 공감의 시대 직전의 자아이다. 연극적 자아 덕분에 게임기 뉴 모델, DSRL 카메라, BMW, 노스

페이스 등은 자아의 표현 수단이 되었다. 삼성 카메라 NX-미니 최근 광고는 자아의 욕망을 돌직구로 제시한다.

"사진을 하나 찍는 데 얼마나 많은 시선이 당신을 보고 있을 까요?"

욕망을 자극하는 워딩 파워들

최근 오리온 초코파이는 중국에서 소비자의 욕망을 자극하는 워딩 파워를 구사 중이다. 거기서 초코파이 브랜드 명은 '하오리요우파이(好朋友.派, 좋은 친구 파이)'고 캠페인 명은 '인(仁)'이다. 인을 유교의 최고 덕목으로 세운 공자가 보면 고개를 갸우뚱할 텐데, 어쨌든 이 좋은 친구는 중국 스낵업계 점유율 상위권에 있다. 몇 백 원짜리 그깟 파이를 최고의 문화적 욕망으로 포장한 결과일 것이다.

욕망의 전쟁은 점점 더 거세지고 있다. 그래서 브랜드 워딩 파워는 욕망을 정조준할 수밖에 없다. 평범한 여성도 아름답고 특별하게 만들어준다는 패션과 화장품업계는 단연 욕망의 갑인데 비현실적 몸매에 여신 급 얼굴, 꿈의 동안(童顔)을 보여준다. LG생활건강의 대표 브랜드인 한방화장품 '후'는 기존 한방

화장품과 차별화하기 위해 '왕후의 궁중 문화'라는 감성 가치를 내세우고 있다. 이때 여신, 동안, 후 등은 브랜드 워딩 파워의 민낯을 보여준다. 페이스북과 인스타그램은 다른 사람들이 즐기는 멋진 여행, 맛있는 음식 등을 보여줌으로써 하루에도 수억 개가 넘는 욕망을 자극하는 정보를 발신한다. SNS 활동이 활발할수록 욕망은 자꾸 자극받게 마련이다.

자, 지금 당신은 커피를 마시고 있다고 가정해보자. 만일 스타벅스 커피를 마신다면 그 장면을 사진에 올릴 때 좀 망설여질 것이다. 왜냐하면 이제는 강릉 테라로사나 서울 성수동 대림창고 카페 정도에서 마셔줘야 인스타그램에 올릴 만하기 때문이다. 욕망은 이렇게 더 커져간다. 당연히 소비를 자극하는 광고도 자꾸 모습이 바뀐다.

신세계 온라인 몰인 SSG '쓱' 광고 중 배우 공유와 공효진이 등장했던 광고는 과거에 볼 수 없었던 표현 방식을 활용했다. 미국 사실주의 화가 에드워드 호퍼 그림[5] 속 무표정한 사람들에게서 아이디어를 얻은 듯한 이 광고는 이색적인 연기로 소비를 유도한다. 무표정하게 "바구니에 쏙 담아요"라고 하는 광

---

5   1882년생인 에드워드 호퍼는 미국의 대표적인 사실주의 화가로 꼽힌다. 그는 20세기 미국인의 삶의 단면을 무심하고 무표정한 방식으로 포착함으로써 미국 사회 내 대중의 고독과 상실감, 단절을 표현했다.

고 메시지는 노골적인 '묻지 마 소비'의 조장임에도 별로 거슬리지 않는다. 그냥 눈치 보지 말고 원하는 걸 담으라는 이 광고로 SSG는 매출이 20퍼센트나 올랐다.

◇◇◇◇◇◇

이상 욕망의 실체를 소비와 마케팅 양자 측면에서 살펴보았다. 워딩 파워는 욕망을 자극하는 수단이다. 그러나 욕망을 자제하거나 아니면 더 높은 차원의 욕망으로 올라가라고 하는 것도 결국 워딩 파워이다. 높은 차원의 욕망으로 올라가는 워딩 파워는 3장에서 살펴보겠다.

2장

성공한 워딩 파워의 유형을 익혀라

내 서재에는 별자리로 디자인한 앤티크 스타일 벽시계가 걸려있다. 이 시계를 보다 보면 문득 '정말 별자리 열두 개로 사람의 운세와 성격을 맞출 수 있을까' 하는 의문이 든다. 그래서 인터넷 검색으로 별자리에 대한 정보를 찾아보니 나는 5월 황소자리이다. '사교적이고 여유가 넘치는 성격이라 인기가 많지만 사실은 무뚝뚝하고 느린 성격 … 남한테 부담을 주지는 않지만 자신이 부담을 받는 관계도 싫어한다'라고 나와있다. 일부는 맞는 것 같지만 고개를 갸우뚱하게 되는 대목도 있다.

　별자리는 태어난 달의 기후, 토양 등을 기반으로 사람의 성격과 유형을 나누는 전형적인 방법 중 하나이다. 그런데 그것을 절대적으로 믿으면 일을 그르치기 쉽다. 70억 인구를 어찌 별자리 열두 개로 나눌 수 있다는 말인가.

　이번 장에서 제시하는 워딩 파워의 유형들도 모든 사례에 딱 맞아떨어질 수는 없다. 몇 가지 유형을 정한 뒤 수백 만 워딩 파워를 나누기는 힘들다. 그런데 순서를 반대로 해서 성공한 워딩 파워들을 수백 개 모은 후 분류하는 것은 어느 정도 가능하지 않을까.

　그래서 원칙을 정한 뒤 워딩 파워 유형을 일곱 개로 나눴다.

① 쉽고 강렬한 인상을 남기는 직접 방식

② 고정관념을 깨는 반전

③ 재미있고 친근한 의인화

④ 새로운 개념을 만들어내는 이종융합

⑤ 마음의 경계를 허무는 유머

⑥ 감성을 건드리는 스토리텔링

⑦ 보고 듣고 느끼는 상징

분류 과정에서 제외된 워딩 파워의 유형도 꽤 된다. 숫자나 암호를 언어와 합친 것, 정치나 종교적인 발언, 차별화되긴 했지만 보편적 가치도 없고 세상을 움직이는 효과도 없던 것 등이 낙마한 유형들이다. 비즈니스 사례가 꽤 많은 이유는 비즈니스의 힘이 점점 커지는 데다가 한편으로 그쪽 분야는 언론 노출이나 매출 등 시장 반응을 통해서 검증이 잘되기 때문이다.

쉽고 강렬한 인상을 남기는 직접 방식

미국 캘리포니아에 살던 세 사람은 사업을 하기 위해 모였으나 사업 자금이 없었다. 그러다 집에 남는 공간이 있다는 걸 깨달았다. 마침 2007년 10월 샌프란시스코에선 대규모 디자인 콘퍼런스가 열렸다. 호텔마다 손님들로 만원이었다. 이들은 가욋돈을 벌고자 세 명의 디자이너에게 집을 빌려줬다. 손님에게 커피숍과 식당을 소개하고 아파트 근처 동네를 보여주고는 에어베드와 조식을 내줬다.

쉽고 격이 있어야 살아남는다

이것은 바로 에어비앤비(Airbnb, Air Bed&Breakfast)의 창업 스토리이다. 이 스토리를 알고 나면 회사 이름이 의외로 단순하고 직접적이라는 생각을 할 것이다. 침대와 아침 식사. 에어비앤비는 세계 최대의 숙박 공유 플랫폼으로 성장해 시가가 300억 달러에 이른다. 회사의 이름은 정체성과 서비스 내역(온라인 숙박업)을 직접적으로 보여주는데 다만 약식 이름은 자유롭고(Air) 연결해주는(n) 느낌이 강화되었다. 대왕 카스테라, 이삭토스트, 와줘서 고마워(식당 이름) 등도 직접적인 이름의 대표적 사례다.

직접 방식은 쉽게 전달되면서 동시에 격과 스타일을 유지하는 것이 중요하다. 대기업에서 직원에게 별도로 멋진 이름을 지어 칭하는 것은 훌륭한 직접 방식 전략이다. 이러면 직원들의 격이 올라가고 대외 이미지가 상승하며 생산성도 좋아진다. 웅진 코웨이가 1만 명이 넘는 정수기 관리 직원을 '코디'라고 부르는 것을 보라. 코디는 주로 방송, 화장품이나 패션 업계에서 쓰는 코디네이터(Coordinator)의 줄임말이다. 어떻게 보면 가정에 정수기 등을 관리하는 단순 업무를 하는 이들이건만 코디라고 불러주니 격이 높아진다.

신세계의 프리미엄 온라인 몰 사업부인 SSG.COM의 '쓱(바구니에 담아)' 캠페인은 매우 직접적인 워딩 파워를 구사하는데, 공유와 공효진 같은 모던 보이, 모던 걸을 광고에 기용하면서 무표정하게 연기를 하게 한 것, 전체 색상을 노랑으로 처리한 것은 치밀한 전략이다. 노랑은 황제의 색으로 일컬을 만큼 격이 있다. 또한 원래 '쓱'은 회사 내부에서 직원들끼리 회사를 부를 때 사용하던 이름이다. 그런데 이것이 광고의 키워드가 되어 폭발적인 반응을 일으킬 줄은 아무도 몰랐을 것이다.

자, 이제는 애니메이션 캐릭터의 명명법을 보도록 하자. 뽀로로, 뿌까 등도 물론 히트를 친 사례인데 그것은 영유아 대상이다. 당신이 만일 10대 이상 심지어는 30~40대까지 대상으로 캐릭터나 애니메이션 스토리 개발자라면 1995년 개발된 포켓몬스터 사례를 유심히 살펴보길 바란다.

포켓몬스터의 원래 이름은 캡슐 몬스터였다. 포켓몬스터는 내가 봐도 너무 재밌다. 151개의 수많은 괴수들, 귀여운 피카츄, 순진한 지우···. 나는 초기에 그 애니메이션을 아이들과 보면서 '와! 서유기(손오공은 여의봉을 귀에 넣어 다닌다. 몬스터볼이 거기서 나왔을 것이다)와 산해경(山海經)[6] 등에 나오는 모험담과 괴

---

6 고대 중국의 자연관이 담긴 귀중한 지리서이며 예외적으로 신화의 기재가 비교적 적

수 캐릭터 등을 저렇게 재치 있게 풀다니' 하는 생각이 들었다. '드래곤볼에 이어 일본이 또 터트렸군!' 하는 부러움과 함께. 포케몬은 게임회사 닌텐도에서 제작한 게임 시리즈와 애니메이션 시리즈 등의 다양한 상품군이 있다. 포켓몬스터라는 이름은 말 그대로 주머니속의 괴물, 즉 몬스터볼에 넣어서 주머니에 간편하게 휴대하고 다닐 수 있는 몬스터를 뜻한다. 이어령 박사가 말했듯이 축소 지향의 일본인 스타일, 어린이를 대상으로 한 정의와 소프트 액션 테마와도 잘 부합하는 애니메이션이다. '몬스터'라는 이름 때문인지 한국에도 젠틀 몬스터, 블랙 몬스터 등이 인기다.

의미가 있는 머리글자를 활용하라

당신이 만일 투자회사에 다니고 있다면 '브릭스(BRICs)'라는 용어가 아주 익숙할 것이다. '왜 우리는 저런 명명법을 생각하지 못했지? 저러니까 투자자들에게 설명하기 좋잖아' 하는 반성도 조금은 들 것이다. 일단 이 용어는 일반적인 투자회사 쪽

은 중국 고전.

용어와는 달리 꽤 쉽게 와닿는다. 세계 투자자들이 어디를 보는지, 지금 뜨는 국가가 어디인지를 금세 알게 해준 것도 이름 덕이다.

2003년 미국의 증권회사 골드먼삭스 그룹 보고서에 처음 등장한 브릭스는 브라질(Brazil)·러시아(Russia)·인도(India)·중국(China) 등 4개국의 영문 머리글자를 딴 것으로 외우기가 좋다. 이들 4개국은 1990년대 말부터 빠른 성장을 거듭하면서 글로벌 투자자들뿐만 아니라 아마추어 투자자들에게도 신흥경제국으로 주목받기 시작했다. 브릭스는 현재의 경제성장 속도와 앞으로의 발전 가능성을 미루어볼 때, 성장 가능성이 가장 크다는 뜻에서 네 나라를 하나의 경제권으로 묶은 개념이다. 4개국을 합치면 세계 인구의 40퍼센트가 훨씬 넘는 27억 명이나 된다. 그러면 왜 브라질의 'B'를 가장 앞세웠을까? 또 다른 이름과 비교하면 그 의도가 읽힌다.

'피그스(PIGS)'는 2000년대 후반 들어 심각한 경제난을 겪고 있는 포르투갈(Portugal)·이탈리아(Italy)·그리스(Greece)·스페인(Spain) 등 유럽 4개국을 지칭한다. 한때 세계에 거대한 식민지를 두었던 대국들이 졸지에 돼지 같은 국가가 된 것이다. 이들은 2007~2011년 과도한 국가 부채와 재정 적자, 높은 실업률 등으로 인하여 심각한 경제적 위기에 봉착해 전 세계의 글로벌 금융위기를 몰고 왔다. 2008년 7월 시사주간지 「뉴스위크」가 '왜 돼지(PIGS)는 날지 못하나'라고 언급하면서 PIGS라는 용어가 주목받기 시작했다. 여기에 아일랜드를 포함시킬 때는 PIIGS라고 하며, 국가 중에서 재정 위기를 가장 먼저 맞이한 그리스의 배열을 제일 앞에 두거나 아일랜드를 제외한 남유럽 4개국만을 가리킬 때 깁스(GIPS)라 부르기도 한다.

이 이름들 뒤에 숨은 의미는 분명하다. 브릭스는 건축을 위해 쓰이는 벽돌이라는 뜻이 있고 피그스는 말 그대로 돼지들이다. 전자는 세계란 건축물의 핵심 자재인 벽돌 같은 존재로 칭찬과 격려 그리고 투자를 촉진하는 의미가 숨어있고, 후자에는 경멸과 조롱, 투자 반대의 속뜻이 숨어있다. 직접적이면서도 저의를 숨긴 교묘한 워딩 파워의 사례인 것이다.

추가로 피그스의 다른 이름인 깁스(GIPS)에도 저의가 있다. '바가지 쓰다'란 속어이자 집시(Gypsy)의 속어인데, 가난한 집시들의 역사적 이동 경로와 관계 있는 이들 국가에게 유럽 또는 세계가 바가지를 썼다는 뜻이다.

2

고정관념을 깨는
반전

영화나 픽션에서 백미는 역시 반전이다. 하지만 현실에서는 잘 일어나지 않는다. 이 때문에 사람들은 영화나 소설을 보며 대리만족을 얻는다. 그래서 워딩 파워에서도 반전 방식은 대체로 큰 반향을 일으킨다.

마음을 움직이는 흠의 마음

'페르시아의 흠'과 '영혼의 구슬'이라는 말이 있다. 페르시아는 양탄자 직조로 유명하다. 그런데 그들은 완벽한 양탄자를 짜고는 한 곳에 일부러 흠을 만들어놓는다. 세상에 완벽한 것은 없다는 통찰에서 나온 배려다. 인디언들 역시 구슬 목걸이를 만들 때 깨진 구슬을 하나 넣는다고 하는데 이것이 영혼의 구슬이다. 반전의 관습이다. 고대 로마에서는 개선하고 온 장수 뒤에서 노예가 메멘토 모리(Memento Mori, 죽음을 기억하라)를 외우면서 따라왔다고 한다. "너도 언젠가는 죽는다"라는 사실을 환기시켜서 겸손함을 유지하게 한 것이다.

흠이 있고 깨진 것을 기꺼이 보여주는 마음은 사람들을 움직이는데 이는 마케팅에도 적용할 만하다. 이른바 '더트(Dirt) 마케팅'이다.

아이가 재미있게 노는데 흙이 묻었다. 청결을 우선시하는 엄마라면 아이를 데리고 가서 씻기려고 하겠지만 이때 "그게 아이죠. 너무 깨끗하기만 한 환경에서 큰 아이는 면역력이 약해져요"라고 하면 얼마나 멋진 반전 교육일까. 만일 기업이라면 요즘 세대 직원들이 회사에 충성심이 없다고 불만들일 때 누군가가 "그들이 회사에 충성하는 대신 그들 삶에 충성하는 겁니다"라고 말해준다면 이 또한 멋진 반전일 것이다.

강한 인상을 남기는 발상의 전환

국제적인 상 중에 반전 상이 있다. 프랑스 그르노블 대학 사회심리학 교수 로랑 베그의 『도덕적 인간은 왜 나쁜 사회를 만드는가?』란 책의 원제는 '선과 악의 심리학'이었다. 그 제목이 매력적이지 않다고 생각한 출판사가 편집 과정에서 반전 제목으로 바꾼 것이다. 저자의 약력을 알면 왜 이런 제목을 달았는지 짐작할 수 있다. 저자는 2013년 황당하고 기발한 연구에 수여하는 이그 노벨상(Ig Nobel Prize) 심리학 분야 수상자다. '술을 마신 사람은 자신을 매력적으로 생각한다'라는 가설을 입증한 공동연구로 상을 받았다. 그는 '술을 마시면 상대에 대한 호감도가 높아진다는 기존의 콩깍지 효과'를 뒤집어서 연구해보았다.

이그 노벨상의 이그(Ig)는 '있을 것 같지 않은 진짜(Improbable Genuine)'의 약자로, 이그노벨(Ig Nobel)은 '고상한(Noble)'의 반대말(Ignoble: 품위 없는)과 통한다. 수상자는 60초간 수상 소감을 말하는데 이 시간을 초과하면 여덟 살 여자아이인 미스 스위티 푸가 단상으로 가서 "그만하세요. 지루해요"라는 말을 반복한다. 이러면 시상식장은 웃음바다가 된다. 이 상은 하버드대학교 계열의 과학유머 잡지사 'AIR(The Annals of Improbable Research)'

가 과학에 대한 관심 제고를 위해 1991년 제정했다. 현실적 쓸모에 상관없이 발상 전환을 돕는 이색적인 연구, 고정관념이나 일상적 사고로는 생각하기 힘든 획기적인 사건 등에 상을 수여하기 위해서다.

2003년 MBC 드라마 「다모」 중 잊히지 않는 명대사가 있다. 여주인공 다모는 조선 시대 여자 형사로 살아가야 하는 운명인데 늘 냉정하고 무표정하지만 상사에게 몰래 마음을 두고 있다. 어느 날 형사 수행을 하다가 다모가 다쳤다. 아무도 없는 외진 갈대의 땅, 외롭고 두렵고 세상이 원망스럽다. 이때 상사가 나타난다. 무뚝뚝하게 "아프냐?" 하고 묻는다. 다모는 말없이 상사를 바라보다가 고개를 끄덕인다. 그러면 보통은 남자가 여자를 안아주는 것이 순리다. 그런데 극 중 상사는 이렇게 말한다. "나도 아프다." 멋진 반전이다.

보통의 부모들이 공부에 지친 자녀에게 "너 힘드냐?"라고 하면 자녀들은 고개만 겨우 끄덕일 것이다. 그럼 대부분의 아빠는 "그럼 카드 줄게. 맛있는 것 먹고 힘내. 파이팅"이라고 격려하려 한다. 이때 "아빠도 힘들다" 하고 말해보라. 인간적인 아빠로 보이지 않을까. 이제는 우리 스스로 진 무게를 내려놓으면 좋겠다.

하상욱의 시는 아주 재치 만점이면서도 우리 일상을 다시 생각하게 만드는 반전이 있는 대표적인 예다. 그의 시는 특이하게도 맨 아래 있는 제목을 봐야만 그 뜻을 알 수 있다.

열심히 살다보니

조금씩 쌓여가네

– 피로

스트레스를 받을 때면 이런 반전 시를 한번 써보라.

뜨거운 숨결

밀착된 등과 가슴

우리가 언제 이렇게 가까웠었지?

– 지하철 안

재미있고 친근한 의인화

"나는 악어야. 이름은 으악이. 내 조상은 트라이아스기 말 쥐라기 초에 나타난 프로토수쿠스(Protosuchus)래. 우린 거의 진화를 거치지 않았어. 왜냐고? 완벽하니까. 우린 크로커다일과 앨리게이터 2과로 되어있지. 몸은 늘씬하고 뒷다리에는 물갈퀴가 발달해서 수중 생활에 딱이야. 앞다리 발가락은 다섯 개, 뒷다리는 네 개. 꼬리는 헤엄치거나 먹이를 잡을 때 쓰여. 너흰 나한테 한 입도 아니지만 후배니까 봐준다. 너희도 서로 다른 두 세계를 오가며 사는 것을 배워봐."

의인화의 묘미에 주목을

앞의 이야기는 내가 어린이대공원 재활성화 컨설팅에서 제시한 것이다. 동물원장이 안내를 해서 가보니 악어들이 너무 비참하게 자고 있었다. '저들은 어디서 왔을까? 돌려보낼 수 없다면 조금이라도 저들의 명예를 지켜주는 방법이 뭘까?' 오랜 고민 끝에 동물들은 구경거리가 아니라 자연계에서 보내온 홍보대사라고 생각해보면 어떨까 하는 결론을 내렸다. 그러면 재미는 물론 동물을 보는 사람들의 시각이 달라질 것 같았다. 이것이 의인화의 묘미다.

의인법은 무생물이나 동식물, 추상적 개념과 같은 인격이 없는 대상에 인격을 부여하여 표현하는 수사법이다. 의인법은 고대의 애니미즘 자연관과 토테미즘 동식물관에서 비롯된 것일 수도 있고 시대 비판의 메시지를 전달하려 할 때 검열을 피할 목적으로 사용한 방법일 수도 있는데, 이러한 이유로 의인법은 특히 『이솝 우화』나 「장끼전」, 「별주부전」처럼 신화·전설·민담·우화·동화 등에 많이 나타난다. 최근에 의인법을 써서 흥행에 성공한 작품은 단연 2011년 개봉된 애니메이션 『마당을 나온 암탉(Leafie, A Hen into the Wild)』일 것이다. 황선미 작가의 원작은 영국 도서전에도 초대받아 좋은 반응을 얻은 바 있다. 조지 오웰이 1945년 발표한 소설 『동물농장』은 전제사회에 대해 사실적으로 풍자한 고전이다. 그 책에 나온 "살냄새가 풍기지 않는 모든 이상은 결국 피 냄새를 풍기게 된다"라는 구절은 아직도 뜨끔하다. 우리가 동물인지 아니면 동물이 인간인지 경계를 무너뜨리면서 몰입하게 하는 힘은 의인법을 통한 풍자 방식이기에 가능한 것이다.

인격을 입히면 친근해진다

나는 요즘 의인법의 힘에 주목한다. 그래서 브랜드 키우기나 친근하게 보기 측면에서도 의인화로 공감대를 형성해보도록 권한다.

몇 달 전 가뭄이 심하다가 비가 좀 온 날이었다. 페이스북에 이런 글을 올렸다.

"미안. 내가 좀 늦었지. 하늘에서 땅까지 오는 게 좀 머네. 산과 나무와 물고기들아 살아줘서 고맙다. 이제 또 서로 스며들어 먼 세상으로 가보자."

이 글은 '좋아요'를 100건이나 받았다. 그리고 "촉촉한 날입니다", "오 이젠 관악산 산신령이 되어가는 듯" 등의 댓글이 줄

줄이 달렸다.

　서로 입장이 불편했던 국제 상품 판매에서도 의인화를 통한 친근화 작업은 유용해 보인다. 한때 아편을 팔면서 중국을 희롱했던 영국이 중국산 전기버스를 수입하게 되었다. 도시를 활보하는 중국산 버스를 보는 런던 사람들은 어떤 심정이었을까? 그런데 대부분은 그 버스가 중국산이라는 사실에 별로 개의치 않았다. 중국의 자동차 회사가 광고에 "나는 OO입니다"처럼 귀여운 의인법 인사를 내세워 보는 사람으로 하여금 마음을 편안하게 해주었기 때문이다.

　나는 개관된 지 32년 된 63빌딩의 홈페이지 소개글에도 의인법을 적용한 바 있다. 비록 중간에 관리자가 바뀌어 홈페이지에 반영되지는 않았지만 말이다.

　"저는 63빌딩입니다. 성은 빌딩이고 이름은 육삼. 태어날 때부터 거대한 신동이었습니다. 서울이 다 내려다보일 정도였으니까요."

　새로 세워진 잠실 롯데타워가 우리나라에서 제일 높은 고층빌딩이 되었으므로 이와 차별화도 할 겸 32년간 우리에게 놀라움과 자부심을 주었던 63빌딩에 친근감을 부여했다. "나는 갤럭시 S7입니다. … 너무 많은 사람들이 저를 기다려서 마음이 급하네요"라거나 "저는 우유식빵입니다. 저는 꾸미기를 좋아하지 않아요. 그냥 대관령 젖소가 보내준 우유와 산에 방목해서 큰 닭이 보내준 천금 같은 계란 그리고 1년을 들에서 잘 자라 하얗게 부서진 밀가루, 거기에 저를 만들어준 사람의 마음…" 이렇게 써보라. 재미와 약간의 감동과 교훈까지 넣을 수 있다면 더욱 좋다. 그러면 그 브랜드에 대해 사람들이 훨씬 더 잘 이해할 수 있어서 매출에도 훌륭하게 기여할 것이다.

새로운 개념을 만들어내는
이종융합

넷플릭스는 세계 최대의 인터넷 영화 스트리밍 회사로, 인터넷을 뜻하는 'Net', 영화를 뜻하는 'Flicks'를 편하게 발음한 'Flix'를 붙인 이름이다. 넷플릭스가 세워지던 1997년은 인터넷이 막 보급되기 시작할 때였고, 인터넷으로 영화를 본다는 것을 상상하기 힘든 시기였다. 설립 당시에는 인터넷과 별로 상관없는 DVD를 직접 배달했고 인터넷 스트리밍 서비스는 그로부터 10년이 지난 2007년에야 시작했다. 설립자 리드 헤이스팅은 처음부터 인터넷 서비스를 생각했던 걸까? 그건 확실치 않지만 이런 경우가 융합의 워딩 파워 사례다.

이종융합으로 열어가는 또 다른 세상

 융합은 간단히 말해 서로 다른 둘을 합쳐서 새로운 제3의 개념을 만들어내는 활동이라 할 수 있다. 'A+B=C'가 되는 것이 융합이다. AB가 되면 단순 복합이다. 원더우먼은 '여성'과 '슈퍼맨'을 향한 열망이 융합된 캐릭터다. 캐릭터를 만든 윌리엄 몰튼 마스턴 박사는 미국의 저명한 심리학자로 거짓말 탐지기를 고안한 인물이다. 페미니스트 이론가이기도 한 그는 1920년대 후반에 한 가설을 입증했는데, 남자보다 여자가 더 정직한 성향을 갖고 있으며 일을 하는 속도나 정확도에서 앞선다는 것이었다. 그는 자신의 연구와 가설을 바탕으로 당시 인기를 끌던 슈퍼맨, 배트맨 등처럼 문제를 힘과 주먹으로 해결하는 방식이 아니라 사랑으로 풀어나가는 영웅을 구상했다. 그리고 심리학자인 아내와 의논해 캐릭터의 성별을 여자로 정함으로써 마침내 1941년 원더우먼이 탄생했다.

 융합을 활용해 브랜드 이름을 지은 사례도 있다. 최근 선글라스 등 아이웨어 업계에서 퀀텀 프로젝트로 돌풍을 일으키고 있는 젠틀 몬스터가 그 예다. 이 작명은 김한국 대표가 "사람이 겉으로는 신사처럼 점잖은 척하지만 내부에는 몬스터 같은 욕망이 숨어있음에 착안"해서 나온 것이다.

블로그란 말은 웹(web) 로그(log)의 줄임말로, 그물망 구조의 인터넷을 의미하는 '웹'과 바다 사람들이 쓰던 항해일지를 뜻하는 '로그'가 융합된 신조어다. 새로 올리는 글이 맨 위로 올라가는 일지 형식이라 지어진 이름이다. 웹 로그란 말은 1997년 11월에 미국인 존 버거가 세계 최초로 사용한 것으로 알려졌다.

블로그에는 일반인들이 자신의 관심사에 따라 일기, 칼럼, 기사 등을 자유롭게 올릴 수 있을 뿐 아니라, 개인출판, 개인방송, 커뮤니티까지 다양한 형태를 취하는 일종의 1인 미디어이다. 블로그 페이지만 있으면 누구나 텍스트 또는 그래픽 방식을 이용해 자신의 이야기를 올릴 수 있다.

원더우먼은 부드러운 영웅, 젠틀 몬스터는 몬스터 트렌드, 블로그는 1인 미디어의 탄생이라는 새로운 의미를 창출했다. 이종을 융합시키는 워딩 파워는 전에 없던 한 세상의 탄생을 뜻하는 경우가 많다. 새로운 산업에 종사하는 기획자라면 이종 융합 워딩 파워를 특히 잘 구사해야 한다.

마음의 경계를 허무는
유머

유머는 사람들의 경계심을 풀어주고 마음을 치유하며 호감을 불러일으킨다. 유머는 주변인의 시각으로 보고, 타인을 배려하며, 스스로를 낮출 때 나온다. 마크 트웨인, 버나드 쇼, 버락 오바마, 처칠 등의 공통점은 유머 워딩 파워에 능하다는 점이다.

유머로 대처하는 위기

그중 제2차 세계대전 같은 삭막한 시기를 견딜 수 있게 한 영국 수상 처칠의 유머 워딩 파워를 두 가지만 살펴보자.

어느 날 처칠이 국회 화장실을 가서 소변을 보는데 처칠을 괴롭히던 노동당 당수가 옆에 와 섰다. 그러자 처칠이 자리를 다른 곳으로 옮겼다. 득의한 노동당 당수가 "당신은 내가 무서운 거요?"라며 비웃자 처칠이 바로 응수했다. "당신은 큰 것만 보면 국유화하려고 하잖소."

두 번째 사례는 처칠이 은퇴하고 초대받아 자선 파티에 참석했을 때다. 파티가 시작되고 얼마 후 한 귀부인이 얼굴이 빨개지더니 처칠의 바지 앞을 가리키면서 조그만 소리로 "각하, 남대문이 열렸답니다" 하고 속삭였다. 그러자 처칠이 태연하게 "허허. 죽은 새는 새장 문이 열려도 나오지 않는답니다" 하고 대꾸했다. 귀부인을 비롯한 주변 사람들이 폭소를 터뜨렸다.

유머 전략으로 만드는 기회

우리나라에도 유머 워딩 파워를 구사하는 사례가 많다. '틈새라면'은 1980년대 초에 서울 명동에서 아주 작게 시작한 라면 가게 이름이다. 이 집은 매운 라면과 특이한 작명으로 마니아층을 형성하고 있다. 그중 가장 특이한 것은 '빨계면'으로 빨간 국물에 계란을 풀었다고 해서 지어진 이름이다. 그런데 더 재미난 것이 있다. 바로 '오리방석'이다. 이것은 물을 가리키는데 오리가 물에 앉는 모습을 보고 붙인 이름이다.

2012년 무렵 개그의 대부라고 불리는 전유성을 만났다. 그는 대뜸 자기가 인생에서 다 성공했다고 말했다. 자랑을 지나치게 하는 것 같아 기분이 별로 안 좋았는데 그의 다음 말이 반전이었다. "난 이혼도 두 번이나 성공했어요." 잠시 후에는 후배가 하는 보신탕집이 잘 안 돼서 작명을 해줬는데 대박이 났다고 너스레를 떨었다. 그 이름은 '어제 효과 보신 탕'이란다.

전기 자동차 회사 테슬라는 인류를 화성으로 보내겠다는 목표로 스페이스 X 프로젝트를 추진 중이다. 그런데 문제가 발생했다. 인류를 우주로 보내는 비용이 너무 많이 드는 것이었다. 그래서 테슬라를 이끄는 일론 머스크는 로켓발사체를 회수하여 경비를 대폭 줄이자는 획기적인 발상을 했다. 발사체를 회수하기 위해 바다에 대형 바지선을 띄웠는데 바지선 갑판 위엔 "물론, 우린 여전히 널 사랑해(Of course. We still love you)"라는 문구를 써넣었다. 나는 사실 일론 머스크를 탐탁지 않게 생각했었다. 바람둥이에 허풍쟁이 같아 보였기 때문이다. 하지만 이 재치 넘치는 글 하나로 머스크가 왠지 좋아졌다. 그는 워딩 파워로 기회를 만드는 사장이었다!

유머에는 치유의 힘도 있다

유머의 효능은 무엇일까? 미래 예측 컨설팅 기업인 '넥스트'의 일원이며 미래학자인 멜린다 데이비스는 5년간의 미래 트렌드 분석 프로젝트를 정리한 『욕망의 진화』에서 미래 마케터는 과거의 판매자, 엔터테이너 역할을 넘어 형이상학자이자 치유자가 되어야 한다고 했다.

1장에서 소개했던 스카이72 골프장의 김영재 대표는 유머의 이런 기능을 잘 이해하고 있는 것 같다. 내가 왜 처음에 펀 마케팅을 하게 되었느냐고 물었더니 김 대표는 이렇게 말했다. "주말이면 아마추어 골퍼들이 한 주의 스트레스를 풀기 위해 골프장에 오는데 그들이 시름을 다 잊고 즐거워하면 좋겠다는 마음이 들었습니다." 의외의 대답에 놀라 "정말 그 뜻이었습니까?"라고 다시 묻자 그가 "재미있어야 또 올 거 아닙니까. 어렵게 생각하지 마세요"라고 담백하게 말했다. 그는 골퍼들을 유머로 치유해주고 싶었던 것이다. 그럼으로써 그도 같이 치유되고 있는 것은 아닐까? 그에게서 유머의 밝은 에너지가 나오니까 말이다.

감성을 건드리는
스토리텔링

알고 먹으면 더 달콤한 초콜릿

　나는 초콜릿은 좋아하지 않지만 벨기에에서 탄생한 프리미엄 초콜릿 고디바(GODIVA)의 탄생에 대한 이야기는 매우 좋아한다. 이 브랜드의 이름은 영국에서 전해 내려오는 고디바 부인 이야기에서 유래되었다.

　11세기경 영국 코번트리 지방을 다스리던 레오프릭 영주는 욕심이 점점 과해져 과중한 세금을 부과하고 가난한 백성들을 괴롭혔다. 그러자 영주의 부인인 고디바는 세금을 줄여달라고 청했다. 이에 영주는 그녀가 만약 벌거벗은 채 말을 타고 마을을 돌아다닌다면 백성의 세금을 줄여주고 공공건물 건설 또한 취소하겠다고 했다. 물론 그렇게 하지 못할 것이라고 생각하고 한 제안이었다. 하지만 고디바 부인은 정말로 말을 타고 알몸으로 마을을 행진해 농민의 고통을 덜어주고자 했다. 백성들은 고디바 부인의 마음에 감동하여 행진 때 아무도 그녀를 보지 않기로 하고 문과 창을 걸어 잠그고 커튼을 내려 그녀의 용기와 희생에 경의를 표했다. 그런데 이때 단 한 사람, 톰만이 몰래 고디바 부인을 훔쳐봤는데 천벌을 받아 눈이 멀었다. 부인의 희생에 영주도 아내와의 약속을 지켰다고 전해진다.

고디바 이야기는 그 뒤 많은 화가들에게도 영감을 주었다. 벨기에의 초콜릿 회사는 고디바의 용기, 이타심, 관용, 우아함과 고귀함을 담은 초콜릿을 생산한다는 취지로 고디바를 브랜드명으로 선택하고, 로고 또한 말을 타고 있는 고디바 부인을 모티프로 사용했다.

브랜드에 매력적인 스토리 입히기

자동차 벤츠의 정식 명칭은 메르세데스(Mercedes) 벤츠이다. 이 이름은 어디에서 유래했을까? 1890년 고틀립 다임러는 자신의 두 사업 파트너와 함께 '다임러-모토른-게샬프트(이하 DMG)'를 설립한다. 1900년 DMG에서는 344명의 직원이 96대의 자동차를 생산했으며 1902년 빠른 속도와 안전성을 지닌 경차 '메르세데스'를 탄생시켰다. 메르세데스는 당시 DMG의 오스트리아 판매 대리인이자 카레이서였던 에밀 옐리네크(Emil Jellinek)의 주문에 따라 개발되었으며, 모델명은 그의 딸 메르세데스의 이름을 딴 것이다.

전하는 이야기로는 에밀이 본사에 편지를 보내 "지금은 애벌레이지만 언젠가 화려한 나비로 비상하기를 바란다"라는 뜻을 전하자 이에 감동한 다임러가 보답으로 에밀의 딸 이름을 차에 새겨 영구히 나비의 꿈을 잊지 않겠다는 의지를 담았다고 한다. 메르세데스는 세계적으로 큰 인기를 얻었고, 이후 DMG는 모든 차에 메르세데스라는 이름을 붙여 브랜드로 사용했다. 메르세데스 벤츠에는 이렇게 고객과 창업자 간의 미담이 전해져온다.

황금을 캐는 사람보다 정작 더 많은 돈을 번 리바이스, 필터 담배의 기원을 담은 말보로 이야기, 알프스에서 흐르는 물로 몸을 고친 젊은 남작의 이야기가 담긴 생수 에비앙, 커피를 사랑한 일등 항해사 스타벅과 사이렌 상징이 있는 스타벅스, 주인이 죽은 후에도 축음기 옆을 떠나지 않는 충견 이야기를 전하는 RCA, 흰 수염과 빨간 옷으로 상징되는 산타클로스 할아버지의 현재 이미지를 만든 코카콜라 등 글로벌 브랜드들은 재미있는 스토리들이 있고 그것은 브랜드 홍보에 적절히 활용된다. 그들은 전 세계 고객의 이성과 감성을 건드림으로써 자연스럽게 강력한 브랜드 파워를 형성한다.

이에 비해 우리나라에는 5천 년의 역사에도 불구하고 신영복 선생의 이야기가 담긴 '처음처럼', 70세 아들을 회초리로 때리는 100세 동자 전설이 담긴 '백세주', 시오도어 루스벨트 대통령과 새끼 곰 이야기를 차용한 '테디베어 박물관' 등 몇 개를 제외하면 아쉽게도 전 세계 소비자들의 흥미를 끌 만한 매력적인 이야기가 별로 없다.

이를 강화하기 위해 문화재청 옆에 스토리청을 만드는 것은 어떨까? 그리고 여성을 대상으로 한 패션이나 화장품, 식품 등에 고구려와 백제 두 나라 건국에 기여한 소서노 왕비, 웰빙 식단의 원조 웅녀, 바보 남편을 용장으로 키운 평강공주, 버드나무를 띄워 왕건의 갈증을 식혀준 유화 부인, 중국과 일본에까지 시명을 날려 원조 한류라 할 만한 중세의 판타지 시인 허난설헌 이야기 등을 브랜드텔링으로 활용하면 사실감도 있고 홍보 효과도 좋지 않을까?

보고 듣고 느끼는
상징

논리적이고 이성적인 사람이 보면 사실 상징은 워딩 파워 요소로는 약할지도 모른다. 그렇지만 상징을 워딩 파워가 아닌 이미지로만 볼 수도 없다. 상징을 문자, 청각, 시각 등의 측면에서 살펴보도록 한다.

상징의 결정체, 문자

문자는 인류가 심혈을 기울여 발전시킨 가장 정확한 방식의 상징이다. 인류 역사의 DNA처럼 정보가 집대성되어 있어 문자를 해독하면 풍부한 고대 역사와 문화 정보를 알 수 있다.

코끼리를 뜻하는 글자로 코끼리의 코와 귀를 그대로 상형화한 한자 '象(상)'은 왜 상징(象徵)이나 상상(想像)이란 단어에 쓰일까? 장님이 코끼리를 만진다는 사자성어 '군맹무상(群盲撫象)'에도 왜 돼지나 소가 아니고 코끼리가 등장할까? 코끼리는 인도나 태국 등지에 사는 동물이라 고대 중국인들은 그 형상에 대해서만 들어봤을 뿐 본 적이 없었다. 실제 코끼리 모습이 궁금했던 그들은 이런저런 상상을 했고, 그래서 추측과 상상을 나타내는 말에 '象'자가 들어가게 되었다는 것이다.

상상하고 싶다면 문자를 캐라. 거기 이미 어마어마한 인류의 상상 역사가 있다.

거부감을 없애주는 익숙한 소리

청각을 활용해서 대중들의 관심을 끄는 데 성공한 사례도 있다. 한국 부즈닷컴의 플래시 애니메이션 「뿌까」는 아기들이 의미 없이 내는 소리인 '뿌까'를 제목으로 붙인 것이다. 그 의미 없음이 오히려 세계의 어린이들 사이에서 부담 없고 친숙하게 받아들여졌다.

드론 역시 하늘을 나는 전설의 새와 같은 거창한 뜻이 있을 것 같지만 정작 별것 없다. 벌이 웽웽거리는 소리 또는 낮게 웅웅거리는 소리에서 착안해 이름을 지은 것이라 한다.

트위터 또한 참새 등 새가 지저귄다는 뜻이다. "별 생각 없이 마구 떠들어도 좋아"라는 주문이 그 안에 내재되어 있는 셈이다.

한편 김범수 의장과 함께 카카오톡(Kakao Talk) 공동 개발자였던 이제범 대표는 사명에 대해 다음처럼 밝혔다. "Kakao는 초콜릿의 원료인 카카오(Cacao)의 독일식 표현이다. 초콜릿 같은 달콤함이 모바일 커뮤니케이션이 주는 즐거움과 가치를 표현하기에 알맞고 발음하기도 좋아서 카카오라고 브랜딩을 했다."

이상의 워딩 파워는 단어 자체로는 큰 의미가 없지만 보편적인 청각 상징을 통해 글로벌 보편성을 쉽게 획득한다. 이런 청각 효과에 착안한다면 뻐꾹, 쿠랑(Kurang, 호랑이 울음소리), 아올(Aol, 늑대 울음소리), 틱(Tik, 벼룩이 뛰는 소리), 핑(Ping, 골프공 날아가는 소리로 이미 사용되고 있다), 졸졸(Zolzol, 물 흐르는 소리), 쑹(SSeung, 화살 날아가는 소리) 등은 세계적으로 거부감 없이 받아들이기 좋은 상징이 될 것 같다. 특히 비영어권 국가에서의 워딩 파워로 괜찮은 수단일 것이다.

눈으로 기억하는 브랜드

마지막으로 살펴볼 시각적 상징은 애플을 상징하는 알파벳 'I'가 대표적이다. 애플이 대표 상징인 소문자 i를 처음 쓴 것은 1998년 iMac을 출시할 때였다. 당시에는 Internet의 i였다고 한다. 여기서 주목할 점은 I를 소문자로 썼다는 사실이다. 만일 대문자를 썼다면 L 소문자하고도 겹치고 시각적으로도 둔해 보였을 것이다. i는 애플의 i시리즈를 연상시키는 한편 마치 사람의 아이 같아서 미래적이고 앙증맞다. 아이맥 다음에 나온 아이팟, 아이폰 등에도 i를 붙였는데 이때부터는 Internet이 아니라 'me'란 의미의 i란다. 지독하게 개인주의였던 스티브 잡스의 개성이 묻어나오는 것 같다.

마지막으로 맥주 브랜드 하이네켄 역시 시각적 상징이 잘 드러난 예이다. 하이네켄의 트레이드 마크는 중세 시대 맥주 제조업자들이 성공적인 발효를 기원하며 양조장 입구에 걸어둔 부적에서 유래한 붉은 별이다. 그리고 말 달리는 경주 트랙을 연상시키는 테두리에 살짝 기울어진 세 개의 e가 들어간 워드 마크 레이블은 정체성을 잘 드러낸다. 하이네켄은 그 e를 '스마일링 e(Smiling-e)'라고 부른다. 이는 유머 마케팅에 대한 강력한 암시다.

【 워딩 파워의 유형별 효과 】

유형	특징	효과
직접	대상을 직접 표현한다	쉽고, 격을 올려준다
반전	'○○가 아니다. ××이다' 형식이다	충격과 각인 효과가 있다
의인	비(非) 생명을 사람처럼 표현한다	재미, 교훈과 풍자
이종융합	서로 다른 두 관념을 결합한다	제3의 기능과 의미 탄생
유머	즐겁게 표현한다	소비자를 무장 해제하며, 젊은 층과 여성이 선호한다
상징	청각, 시각적 상징을 활용한다	글로벌 보편성, 기억 용이
스토리텔링	과거 이야기 플롯에서 끌어온다	기억 용이, 역사성 강화, 입소문 효과

3장

생각 레시피로
생각력을 키워라

그리스 철학자며 수학자인 탈레스가 말했다. "나에게 지렛대를 다오. 그러면 지구를 움직여 보일 테니." 이는 지렛대를 이용해 무거운 것을 들어 올리는 힘을 얻는다는 과학적 원리를 과장되게 표현한 것이다. 탈레스가 말한 지렛대가 혹시 레시피 (recipe, 조리법)는 아닐까 생각해본다.

셰프들은 자신만의 차별화된 레시피로 까다로운 고객의 까다로운 입맛을 사로잡는다. TV의 한 프로그램에서 충청남도 당진의 조그만 빵집에 꽈배기를 사먹으려고 사람들이 40여 미터도 넘게 줄을 서있는 장면을 보았다. 꽈배기 달인은 끝내주는 꽈배기를 만들기 위해 여러 가지 레시피를 쓰는데, 이 책에서는 그와 같은 레시피가 바로 생각력이다.

먼저 '생각'이라는 말의 뜻을 생각해보자. 사전을 찾아보면 생각과 사고는 좀 다르다. 사고는 생각하고 궁리한다는 뜻으로 주로 철학적 궁리에 쓰이나 생각은 표현 범위가 넓다. 생각은 순 우리말로 '사물을 헤아리고 판단하는 작용'이란 뜻이다. 비슷한 말은 의려(意慮)나 지려(志慮)이다. 이때 려(慮)는 빙빙 돈다는 의미가 담겨있으며 '마음으로 두루 생각한다'는 뜻이다. 그 외에도 국어사전에서 생각은 다음과 같은 여러 의미로 해석된다.

어떤 사람이나 일 따위에 대한 기억(예: 고향 생각, 옛날 생각)

어떤 일을 하고 싶어 하거나 관심을 가짐 또는 그런 일(예: 술 생각 없어?)

어떤 일을 하려고 마음을 먹음. 또는 그런 마음(예: 그녀에게 청혼할 생각이야)

앞으로 일어날 일에 대하여 상상해봄, 또는 그런 상상(예: 앞일 생각)

생각은 헤아린다는 뜻 외에 기억, 관심, 의지와 상상 등의 뜻도 있다. 그래서 사고보다 쓰임새가 넓다. '고향 사고', '그녀에게 청혼할 사고야'와 같은 말은 없지 않은가. 영어로도 사고는 thinking 하나지만 이에 비해 생각은 thinking, idea, imagination 등 다양하다.

생각력은 책을 많이 읽고 '왜?'라는 문제의식을 가지며 풍부한 상상을 하고 여러 훌륭한 사람을 만나서 대화하는 등 적극적으로 노력하면 길러진다. 그렇다면 어떻게 해야 사람들의 호기심을 끌, 더 좋고 매력적인 생각력을 갖출 수 있을까. 혹시 당진 꽈배기 같은 생각력 레시피 세트는 없을까. 물론 워딩 파워는 그 생각력을 멋지게 쉽고 재미있게 표현하는 힘이다. 자물쇠와 열쇠처럼 서로 따라 붙는 것이다.

◇◇◇◇◇◇

　이제 나는 독자들을 위해 보편적이고 오랜 뿌리를 가진 다섯 개의 생각력 레시피 세트를 추천한다. 그전에 내가 참고했던 방법론을 먼저 소개한다.

　첫째, 심리학이다. 심리학은 크게 프로이트(Sigmund Freud)의 정신분석 심리학, 알프레드 아들러(Alfred Adler)의 개인 심리학, 스키너(Burrhus F. Skinner) 등으로 대표되는 행동주의 심리학 그리고 최근에 부각되는 카너먼(Daniel Kahneman)의 행동경제학 등의 계보로 이어진다.

　그중에서 아들러의 개인 심리학은 정신질환이 있는 환자가 아닌 보통 인간의 무력감과 열등감, 본능과 욕망 등을 다룬다. 또한 심리학은 불경기에 왜 미니스커트나 빨간 립스틱이 잘 팔릴까, 가족이나 친구 등 가까운 관계에서 왜 치명적 범죄가 더 자주 일어날까, 사람들은 도덕보다는 불안을 자극할 때 왜 더 쉽게 복종할까 등의 의문을 풀어준다.

　둘째, 인류학과 지리학이다. 인류학은 인간의 먼 기원과 문화 습속 그리고 거기서 형성된 본능 등을 공부하는 학문이다. 심리학에 생물학을 접목한 진화심리학도 최근에는 인류학과 성과를 공유하므로 인류학에 관심을 두면 1석 2조의 효과를 볼 수 있다. 지리학은 땅과 기후 이야기가 아니라 그로 인해 파생된 우리가 사는 지리, 기후 등의 시공간 이야기이다. 이브를 유혹한 것은 왜 하필 뱀일까, 남자는 왜 가슴이 큰 여자에게 끌릴까, 여자는 왜 코가 큰 남자에게 관심을 보일까, 웹툰 「미생」의 대사는 왜 우리를 끌어당길까, 왜 사연 있는 지명에 끌릴까 등의 의문들은 심리학만으로는 설명할 수 없다.

마지막으로 문화 상징의 성과이다. 이것은 내 기호가 좀 작용한 것이다. 나는 이야기, 상징, 믿음 등에 관심이 많다. 세상은 다양한 문화 상징(어원, 스토리, 가치 테마, 상징, 지리 이야기)들로 덮여있는데 우리의 무관심과 또는 무지함으로 그 가치를 놓치는 경우가 많다. 이에 제대로 주목하고 숨은 배경을 알게 된다면 좋은 워딩 파워 레시피가 될 것이다. 최근 「개그콘서트」의 '불상사' 코너에 느낌적인 느낌이라며 횡설수설하는 기상천외한 대사("모던하면서 클래식하고, 화려하면서 심플하고, 고급스러운 100원짜리…")라든지, 말도 안 되는 판타지 드라마인 「도깨비」, 「시키고 티자기」나 「별에서 온 그대」 등에 사람들의 관심이 쏠리는 것이 이를 입증하는 사례이다.

자, 그럼 이제 다섯 개의 생각력 레시피를 맛보도록 하자. 참, 생각력이 워딩 파워로 이어져야 한다는 것은 절대 잊지 마시기를.

1

욕망의 전차에
올라타기

1장에서는 '광고는 욕망의 전쟁'이며 '현재는 여전히 욕망의 시대'이고 '욕망과 욕구는 구분되어야 한다'는 등 욕망의 현상에 대해 간단히 살펴보았다. 이처럼 욕망은 건전하게 활용하면 생각력을 키우고 그 결과 워딩 파워가 높아지는 핵심 개념이다.

욕망과 브랜드의 중개자

인문학에서는 욕망 이야기를 하려면 심리학의 라캉처럼 꼭 살펴볼 사람이 르네 지라르이다. 프랑스의 소설 사회학자인 르

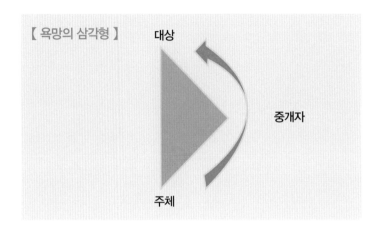

【 욕망의 삼각형 】

대상

중개자

주체

네 지라르는 『낭만적 거짓과 소설적 진실』에서 '욕망의 삼각형'이란 모델을 제시했다.

이 모델에는 주체, 대상, 중개자 등 3요소가 나온다. 이에 따르면 주체는 대상을 획득하기를 욕망하지만, 직접 대상을 향하는 것이 아니라 중개자를 통해서 대상을 욕망한다. 소설 구조뿐만 아니라 자본주의 현실의 대중적 욕망을 잘 설명해준다는 점에서 여전히 주목할 만한 사회문화 모델로 평가받는다.

르네 지라르는 1600년대 초 발간된 세르반테스의 『돈키호테』에서 그동안 주목받지 못했던 중개자의 존재를 지적한다. 소설에서 중개자는 아마디스였다. 돈키호테는 15세기경 이탈리아 북부 갈리아 지방의 전설적인 기사였던 아마디스에 대한 이야기책을 탐독한다. 라만차의 노인 돈키호테가 기사의 여정에 나서는 것은 바로 그 아마디스라는 중개자 때문이다. 그가 추구한 대상은 기사의 영광, 둘시네아라는 소설 속 귀부인과의 사랑이었는데 결과는 잘 알다시피 슬픈 코미디로 끝난다. 이처럼 소설은 중개자를 통해서 진실을 드러내고자 한다.

1857년에 발간된 G. 플로베르의 소설인 『마담 보바리』에도 중개자가 있다. 정숙하게 자랐고 꿈 많던 시골 소녀, 엠마는 시골의사 샤를르 보바리와 결혼하지만 곧 레옹, 루돌프 등의 그럴 듯한 남자들과 불륜에 빠진다. 정숙했던 그녀가 왜 그랬을까? 파리 상류사회(대상)를 그린 삼류 소설 때문이다. 어릴 때부터 읽었던 삼류 소설이 바로 『엠마』의 욕망 중개자였던 것인데 결과는 허무한 자살이다. 낭만적 거짓은 끝나고 소설적 진실만이 남은 것이다.

르네 지라르는 현대 중개자의 핵심 특징을 근접성과 간접화로 꼽는데, "교환 경제하에서 대중은 중개자에 의해 지시된 욕망을 간접적으로 따라간다"라는 진술로 그 뜻을 드러낸다. 대중을 따라다니게 하는 중개자가 현대 자본주의의 꽃인 광고다. 광고는 우리의 욕망을 아주 집요하고 깊숙하게 중개한다.

중개자를 적재적소에 이용하는 사람들이 마케터, 정치가, 언론인, 교육자 등이다. 이들은 대상을 직접 지칭하는 대신 천재나 영웅, 위인과 상징 같은 중개자를 활용한다. 그래서 '설현 몸

매 갖고 싶지', '여자라면 샌드버그, 30대라면 저커버그가 돼라'
며 욕망을 풀무질한다.

한편 인문학에서는 '욕망의 저주', '욕망의 끝'이라며 욕망을
부인하지만 문학에서는 욕망이 꼭 부정적이지만은 않다. 『위대
한 개츠비』의 주인공 개츠비는 욕망이 있었기에 상류사회 여자
데이지를 열망하며 끝내 백만장자가 된 것이다. 결핍의 시대였
던 근세 전은 욕구로, 소설의 시대 이후 약 300년간은 풍요의
시대인 만큼 '언덕 위의 구름'을 쫓는 욕망으로 성장을 해왔다.

기업 역시 초기에는 결핍된 욕구를 충족시키다가 이제는 상
품을 통한 대리 욕망을 자극함으로써 지속적인 성장을 추구한
다. 그래서 대중은 끝도 없이 물건을 산다. 이때 물건은 대상이
아니라 중개자로 기능한다. 그런데 중개자는 은폐되어 있다. 마
케팅의 고수들은 이 욕망(정확하게는 중개자)을 잘 활용한다. 글
로벌 브랜드들은 대체로 고수들이 배후에 있다. 그들은 사랑,
자유, 도전과 모험, 공존, 미래 같은 보편적 가치를 중개자로 활
용한다. 미국이 이란과 전쟁을 하고 있을 무렵 이란의 상류층
자제들은 그들만의 뒷골목에서 미국 제품들을 소비하고 있었

다고 한다. 그들은 적국인 미국에서 생산되는 것을 산다고 생각하지 않고 자유를 소비하고 있다고 믿었을 것이다.

청바지는 욕망의 중개자를 참 럭셔리하게 활용한다. 1848년 미국 캘리포니아 주 새크라멘토 근처에서 일어난 골드러시 때 리바이스에 의해 대중화된 데님 청바지는 싸고 질긴 기능성 옷이었다. 금을 캐는 가난한 노동자들의 작업 환경에 맞춘 옷이었다. 그 후 청바지는 욕망 라인을 따라 엄청난 변신을 거듭한다. 리바이스는 '값싼'을 강조하지 않는다. 대신 자유를 입는다고 말한다. 따라서 리바이스는 미국 반항아의 상징인 제임스 딘을 자기 브랜드에 중개자로 이식했다. 정작 제임스 딘은 사실 리바이스의 경쟁 청바지를 입었는데도 말이다.

또 다른 세계적 청바지 브랜드인 디젤은 이탈리아의 빈티지 진 선구자인데, 기성가치의 전복을 표방한다. 디젤이라는 이름은 창업자 렌조 로소의 '세상을 바꾸는 연료'라는 의지의 표현이다. 캘빈클라인은 섹시, 갭은 가정적 이미지를 강조한다. 이처럼 자유, 섹시, 가정적, 가치전복 같은 중개자를 내세움으로써 각각의 청바지 브랜드들은 소비자가 자사 제품을 구매할 이유를 제시한다. 중개자들은 브랜드와 결합함으로써 차별화된 브랜드 정체성을 확보하고 세계의 젊은이들은 중개자를 자기 정체성과 동일시한다.

기왕이면 아름다운 것이 좋잖아!

에너지 드링크라 불리는 고(高) 카페인 음료인 오스트리아산 레드불과 이를 모방한 한국 롯데그룹의 핫식스는 거의 같은 성분과 기능을 갖췄지만 중개자가 각각 다르다. 레드불은 모험을, 핫식스는 6시간 각성 효과를 내세운다. 그래서 레드불은 클럽과 X-스포츠 공간에서 팔리고 핫식스는 학원가나 노량진 고시촌 등에서 팔린다. 이들 브랜드는 워딩 파워가 각각 다르다. 레드불은 20~30대 글로벌 모험가들을 향해 "극단적 모험을 추구하라"고 하며 핫식스는 공부하는 학생들을 향해 6시간 각성효과를 말한다.

이처럼 세계 시장을 주름잡는 글로벌 브랜드들은 다음의 것들을 주로 중개자로 활용한다. 이것이 바로 보편적 가치의 중개자를 활용한 글로벌 브랜드 워딩 파워이다.

철학, 왕가의 전통, 자유, 사랑, 약속, 유머, 환경, 커뮤니티 수호, 승리, 모험

그런데 이 중개자들은 보편적이면서 꽤 클래식한 것들이다. 그리고 '욕망의 중개자 사다리'를 가지고 있다. 사다리 아래에

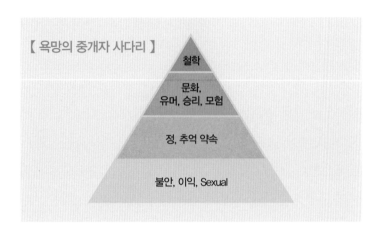

【 욕망의 중개자 사다리 】

철학

문화,
유머, 승리, 모험

정, 추억 약속

불안, 이익, Sexual

있는 것들은 과학이나 물리적인 약속들이고 위로 갈수록 철학
이나 공동체, 자아실현 등이 위치한다.

우리나라는 기술 측면에서는 약진하고 있지만 워딩 파워 면
에서는 크게 주목을 받지 못한다. 스마트폰이나 B2B 제품을 빼
면 글로벌 브랜드들이 별로 없다. 핫식스처럼 중개자를 지나치
게 제한하며 직접적이고 낮은 수준의 것만 쓰기 때문이다. 낮
은 가치의 중개자를 계속 쓰면 당장은 팔기 좋지만 갈수록 이
익 구조가 나빠지고 브랜드 확장이 어렵다. 이 배경엔 얕은 인
문학 풍토가 자리하고 있다.

그런데 기업만 중개자를 쓰라는 법은 없다. 개인도 중개자
를 쓸 수 있다. 개인도 하나의 브랜드라고 볼 수 있으니까. 사회
생활을 시작할 무렵의 일이었다. 제일기획 신입사원으로 1개월

간 사내 연수를 받는 기간이었는데 하루는 동기 한 명이 지각을 했다. 눈이 빨간 것이 틀림없이 지난밤에 엄청 마신 모양새였다. 휴식 시간에 다가가 슬쩍 "너 또 술 마셨지"라고 물으니 그 친구 답이 걸작이었다. "아니, 인류의 고통을 생각하며 밤을 샜지." 나는 그때부터 그 친구가 좋아졌다. 20년이 지난 지금도 절친이다. 친구는 여전히 술을 좋아하지만 인류의 고통을 생각하면서 마신다니 말릴 수가 없다.

- 브랜드를 세계적으로 키우고 싶다면 가치 있는 욕망의 워딩 파워를 쓰라
- 당신의 브랜드 가치를 높이려면 가치 있는 사고를 드러내는 워딩 파워를 쓰라

욕망을 적재적소에 활용하는 글로벌 고수들

욕망에는 사회적 가치, 성취 난이도, 보편성 등에 따라 저차원 욕망과 고차원 욕망이 존재한다. 잘 알려진 A. 매슬로의 '욕구 5단계 이론'에 따라서 욕망의 중개자 차원을 보자. 그러면 5단계 제일 아래에 생리/물리적인 것, 안전 등의 저차원 욕구가

있고 소속감 욕구, 인정 욕구를 지나 최상위 욕구인 자아실현, 철학, 공동체 등이 위치한다. 여기서 말하는 욕구는 사실 욕망의 다른 표현이다.

허핑턴 포스트 전 CEO였던 아레나 허핑턴은 "산업계는 소비자의 고차원적 본능에 호소해야 하고 인간을 물질주의, 섹스, 돈, 자기 이익보다는 더 나은 가치를 추구하는 존재로 보아야 한다는 사실을 깨달았다"라는 멋진 말을 했다. 고차원 본능은 상위욕망 단계에 있는 더 나은 가치를 추구하는 것이다.

세일즈 하는 사람 중 어떤 이는 저차원 욕망 시장을 노릴 것이고 어떤 이는 고차원 욕망 시장을 노릴 것이다. 그런데 고차원 욕망을 노릴 때 더 강력하고 전파가 잘되며 지속가능한 워딩 파워가 나온다. 이제 소비자는 가격이나 기술 차별화보다는 가치, 핸드메이드, 신뢰를 구매한다. 유럽은 플라스틱 제품, 설탕, 고통받으며 죽은 육류, 탄소 제품, 일회용 등을 쓰면 외면당하는 사회 분위기로 이동하고 있다. 소박, 실용, 자연주의를 표방하는 스칸디나비아 제품과 패션, 요리가 유럽과 미국, 일본 등지에서 주목을 받는 이유도 그 때문이다. 오늘날 실리콘밸리가 기술보다 디자인과 '세상을 바꾸고 싶다'는 기업 철학을 더 자주 강조하는 것도 마찬가지가 아닐까.

유니레버사의 도브 비누는 2004년부터 누구나 자신만의 미

(美)를 가지고 있으니 그것을 회복하라는 '리얼 뷰티 캠페인'을 십수 년 이상 벌이며 기업에 절대불가침의 신화를 남겨주었다. 유니레버는 모든 것이 풍요로워진 지금이 고차원 욕망을 추구하는 시대라는 흐름을 읽었다. 고차원 욕망의 시대에는 고차원 중개자의 워딩 파워가 필요하다.

차원을 바꾸면 워딩 파워가 높아진다

욕망의 중개자 사다리를 다시 살펴보자. 앞에서 각 중개자 피라미드 차원엔 과학, 승리, 사랑 등등 개별 욕망의 카테고리들이 있음을 살펴보았다. 그런데 더 들여다보면 각각의 욕망 대상 카테고리에는 보다 세분화된 욕망이 존재한다.

일례로 '케어(Care)'는 하나의 욕망 카테고리다. 그리고 그 안에 또 가장 낮은 수준의 케어(물, 뷰티 등)부터 홈 케어, 라이프 케어 등의 고차원 케어가 존재한다. 심지어 지구를 대상으로 삼는 비전으로까지 나아갈 수도 있다. 2016년 코웨이연구소를 방문했을 때 회사 마케팅 파트가 보여준 광고 시안 '집이라는 지구, 가족이라는 인류' 문구를 보면서 그 회사는 끝내 지구촌 케어까지 갈지도 모르겠다는 느낌이 들었다. 실제로 코웨이는 전 세계 수질 연구를 하고 있으며 동남아 국가에 수천 개의 우물을 파주고 있다.

이처럼 차원을 더 캐보면 안 보이던 것이 보인다. '사랑' 역시 카사노바의 루두스 사랑이나 10대 소녀에 대한 도착적 사랑인 롤리타 마니아 사랑부터 인간적으로 발전한 에로스(연인), 필리아(친구), 스트로게(가족) 그리고 아가페(종교적) 사랑에까지 이르는 다양한 차원이 존재한다. 이것들은 고전적인 사랑의 예이고 시각에 따라서 자연, 역사 등으로도 사랑의 시선이 갈 수 있다. 이 욕망의 차원을 찾는 것이 생각력을 키우는 방법 중에서 가장 우선시되어야 한다.

다음은 차원 높은 사랑과 관련한 기업의 워딩 파워 사례들이다. 소비자뿐만 아니라 국민들 차원에서도 많은 사랑을 받은 것들이다.

- 가슴이 따뜻한 사람과 만나고 싶다 – 동서 맥심 커피(친구에 대한 사랑)
- 이 재킷을 사지 마세요 – 파타고니아(지구환경에 대한 사랑)
- 땡큐 맘 – P&G(올림픽 선수를 키워낸 어머니에 대한 사랑)
- 리얼 뷰티 – 유니레버사 도브(자기만의 아름다움 사랑)
- 뷰티 인사이드 – 인텔 · 도시바(내면의 사랑)

빨리 가려면 혼자, 멀리 가려면 같이

마찬가지로 승리에도 차원이 있다.

첫 번째 차원은 경쟁과의 싸움에서 이기려는 차원이다. 이는 너무 익숙한 차원의 승리다. 물론 승리는 이기려는 것이다. 그러나 단순히 상대방을 이기려는 승리는 먹고 먹히는 동물 생태계 먹이사슬 같다. 인정은 하지만 큰 감동은 없다.

이것을 넘어서야 큰 감동이 온다. 2016년 브라질 리우 올림픽 5천 미터 달리기 예선에서 뉴질랜드 선수 니키 햄블린이 넘어질 때 미국 선수인 다고스티노가 햄블린 다리에 걸려 같이 넘어졌다. 트랙엔 결국 둘만 남았다. 4년 인고의 세월이 물거품

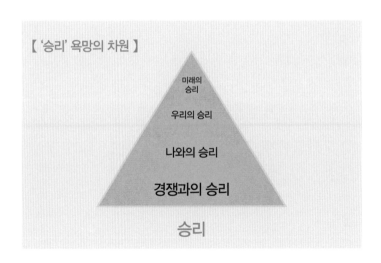

【 '승리' 욕망의 차원 】

미래의
승리

우리의 승리

나와의 승리

경쟁과의 승리

승리

이 된 것이다. 그러나 둘은 서로를 다독이며 레이스를 다시 했고 결국 차례로 결승선을 통과했다. 세계가 감동했다. 거기서 메달이 무슨 의미가 있으랴. 그들은 다른 승리를 한 것이다.

경쟁과 싸워 이기는 차원 위에는 나와의 싸움이라는 또 다른 차원이 있을 것이다. 국립발레단 단장인 강수진은 현역 시절 연습벌레로 정평이 나있었다. 광고에도 등장했던 그녀의 발가락은 얼마나 수많은 시간을 연습에 매달렸는지 잘 보여주었다. 그녀가 던진 감동적인 한마디는 "나는 어제의 나와 싸울 뿐"이었다. 나와의 싸움에서 승리한 그녀다운 워딩 파워였다.

자신과 싸워 이기라는 'Just Do It' 슬로건으로 유명한 나이키는 한때 파키스탄 공장에서 축구공을 꿰매는 어린 노동자 사진이 지구촌에 전파되면서 악덕 기업으로 비난을 샀다. 곳곳에서 불매 운동이 벌어졌고 주가가 대폭 하락했다. 결국 모든 하청기업에 소년 노동을 전면 금지토록 했고 아웃소싱 단가를 최고 수준으로 올리고 나서야 수렁에서 빠져 나왔다. 이게 바로 '우리의 승리'이다. 나를 넘어서 세상을 바꾸는 것이다. 너도 이기고 나도 이기는 '윈윈 전략'이나 '3W 전략'[7]이 그런 우리의 승리를 이끄는 전략적인 워딩 파워이다.

=====

7 기업, 소비자, 사회가 다 이기는 전략으로 코즈 마케팅, CSV 등이 이에 속하는 전략이다.

또한 게임이론이 발달하면서 죄수의 딜레마, 도우면서 싸운다는 '코피티션(Coopetition, cooperation과 competition의 합성어)' 이론도 나왔다. 코피티션은 예일대학교의 배리 네일버프 교수와 하버드대학교의 애덤 브랜던버거 교수가 처음 사용한 경영학 용어이다. 삼성과 소니가 부분적으로 합작하고, 애플과 경쟁하는 삼성이 애플에 반도체 부품을 공급하고, 구글이 잠재 경쟁자인 삼성에게 모바일 운영체제인 안드로이드를 공유하는 것 등이 바로 코피티션 사고에 따른 것이다. 이를 나타내는 경구가 "빨리 가려면 혼자 가라. 그러나 멀리 가려면 둘이 가라"이다.

승리의 차원 중 가장 높은 것은 미래의 승리이다. 우리가 현재에서 아등바등하는 것은 결국 미래 때문이다. IBM은 인류 미래의 승리에 주목하고 2009년부터 '스마터 플래닛(Smarter Planet) 프로젝트'를 가동했다. '지구의 미래를 위한 영리한 기술'이라는 슬로건도 내세웠다. 여기서 플래닛(Planet)이란 단어를 구사한 것에 주목할 필요가 있다. 플래닛은 월드(World)나 어스(Earth)처럼 단순히 세계, 지구를 의미하지 않는다. 이것은 우주의 행성, 특히 환경과 관련된 세상을 뜻한다. 프로젝트는 단순히 컴퓨터나 소프트웨어 라이선스를 파는 것이 아니라 기업이나 정부기관이 당면한 문제를 해결해줄 수 있는 실질적 솔루션을 제공한다. 예를 들어 교통 혼잡으로 고민하는 도시에는 실질적으로 교통 혼잡을 줄일 수 있는 방안을 제시하고, 에너지 부족으로 고민하는 나라에는 에너지 절감 해결책을 보여주고, 범죄가 심각한 사회에는 범죄를 미리 예방할 수 있도록 하는 것이다. 이렇게 함으로써 지구가 스마트해지는 것이다. 프로젝트의 가동 이후 IBM의 매출은 다소 줄었으나 경제 불황기에도 이익은 계속 늘고 있다.

GE는 '에코매지네이션(Ecomagination)'을 경영 비전으로 제시하며 미래의 모비딕을 쫓는다. 에코매지네이션은 2005년 GE가 도입한 친환경 신조어로, '에콜로지(Ecology)'의 'Eco'와 기업 슬로건인 '상상을 현실로(Imagination at work)'를 합친 용어다. 그들의 사업 전략을 이 워딩 파워로 정의하고 홍보함으로써 사업의 비전을 한 방향으로 정립하고 공유했다. 만일 이것을 '정부 솔루션 계획'이나 '이익 30퍼센트 증가 계획' 등으로 표현했다면 이들의 비전이 널리 공유되고 홍보되지 않았을 것이다. 사람들의 기억은 개념화해서 한두 단어 또는 짧은 언어로 정리할 때 코드로 각인된다.

이번에는 현대차가 새롭게 내건 슬로건인 '새로운 사고, 새로운 가능성(New Thinking, New Possibility)'을 앞의 두 워딩 파워와 비교하면 어떤가? IBM은 스마터와 플래닛이란 구체적 개념이 있고 GE의 에코매지네이션은 에코가 분명하게 지향점을 밝혀 준다. 현대차의 경우는 이들에 비하면 2퍼센트 부족하다. 슬로건이 '새로운 생태적 사고(New Eco-thinking)'나 '미래전기의 가능성(Future Electricity Possibility)' 등이었으면 훨씬 사업 방향이 구체적이었을 것이고 기술 개발 범위도 더 확장되었을 것이다.

영국의 버진 그룹 회장으로 괴짜 부호라 불리는 리처드 브랜슨은 '버진 갤럭틱 프로젝트'로 민간 우주항공 시대를 준비하고 있는데, 프로젝트 명칭에서 갤럭틱(우주)이라는 분명한 목적이 제시되어 무엇을 하려는지 알 수 있다. 이처럼 워딩 파워에는 구체성이 있어야 한다.

욕망과 워딩 파워

- 매장 관리자는 고객들의 구매 욕망을 자극하고 싶다
- NGO들은 펀딩을 받고 싶다
- 젊은 남자는 미녀의 사랑을 얻고 싶다

사람들은 목적을 달성하려면 돈이 필요하다고 굳게 믿는다. 그런데 돈을 얻으려면 광고나 홍보가 필요하다. 광고나 홍보를 잘하려면 비용대비 효과가 큰 마케팅 병기인 워딩 파워를 전면에 내세워야 한다.

아프리카 오지에 살던 슈바이처 박사는 의외로 홍보의 달인이었다. 사후에 밝혀진 바이지만 그는 끊임없이 편지를 써서 기부를 받았다고 한다. 서울 광화문 교보문고 건물에 붙어있는 글판 광고를 보면 그 병기의 효과를 알 것이다. 2009년 장석주 시인의 「대추 한 알」 중 '저게 저절로 붉어질 리는 없다. 저 안에 태풍 몇 개 저 안에 벼락 몇 개'를 새긴 글판 광고는 금융대란으로 어려운 시기에 있던 시민들에게 벼락에 맞설 힘을 줬다. 교보문고 앞 돌판에 새겨진 '사람은 책을 만들고 책은 사람을 만든다'라는 창업자 신용호 회장의 글 또한 교보가 출판 유통 사업으로 나아가는 계기가 된 워딩 파워이다.

욕망을 자극하는 무기는 무엇보다 언어이다. 안견의 「몽유도원도」, 김정희의 「새한도」, 김홍도의 「풍속도」 등의 그림은 물론 유명하지만 "황금을 보기를 돌같이 하라 - 최영", "백성의 하늘은 세끼 밥 - 정도전", "죽고자 하면 살 것이요 살고자 하면 죽을 것이다 - 이순신" 등의 한 문장으로 된 교훈이 지닌 파워를 능가하기는 어렵다. 직관적인 첫인상과 단기 효과 면에서는 시각적 효과가 더 강력한 영향력을 미치지만, 시공을 넘는 전달력과 분석적 사고는 언어보다 떨어진다.

언어는 시각 메시지보다 불완전한 표현 매체이기 때문에 오히려 역설적으로 강력한 메시지를 전달한다. 언어는 시각적 현상 중 일부만 반영한다. 그리고 그 반영은 주관적이며 때론 오역되기도 한다.

봄에는 꽃도 필 뿐만 아니라 나뭇잎도 파랗게 오르며 동물, 곤충, 뱀들도 기지개를 펴고 활동을 시작한다. 이때 시인이 "산에는 꽃이 피네. 꽃이 피네"라고 말한다면 이는 주관적 반영이면서 선택적 왜곡으로 역설적이게도 더 힘이 있다. 그래서 언어에는 프레임(Frame)을 만드는 강력한 힘이 있다. 프레임은 세상을 조작적으로 바라보는 인지적 기획이다. 인지언어학의 창시자이며 프레임 개념을 발전시킨 것으로 유명한 조지 레이코프 교수는 "문제는 언어"라고 말한다. 워딩 파워는 권력만큼이나 힘이 세다.

우유를 아는 사람들 vs 우유 전문가

워딩 파워는 개념과 연상을 만드는 힘이 있다. 그런데 언어란 것이 참 묘해서 '아' 다르고 '어' 다르다.

제일기획 시절 서울우유 경합 프레젠테이션에 참가했던 적이 있다. 기업 이미지 부문은 서울우유의 규모나 역사만큼이나 우유 대형(大兄) 이미지와 오랜 역사, 신뢰감을 담는 묵직한 방향으로 기획해야 했다. 보름간 고심 끝에 '우유를 아는 사람들'이라는 콘셉트가 뽑혔다. 마침 IMF 직후인 1999년은 김대중 전 대통령이 취임하던 해로 대통령으로서 아주 어려운 시기였다. 그래서 새벽의 청와대 정문을 배경으로 물기가 촉촉한 서울우유 팩을 전면에 놓고 "각하, 몸에 좋은 우유 드시고 힘을 내십시오. 대한민국 우유는 다 좋으니 어떤 우유를 드셔도 좋습니다. '우유를 아는 사람들' 올림"이라는 광고안을 기획했다. 사내에서는 큰 반향을 얻었다. 그러나 불가피한 이유로 광고로 제작되지는 못해 맘속에 오래 아쉬움으로 남았다. 그러곤 3년쯤 뒤 서울우유의 새로운 광고를 TV에서 보았다. 그런데 표현이 바뀌어 있었다. '우유 전문가'로.

같은 엄마라도 '어무이' 다르고 '맘' 느낌이 다른데! 우유 전문가는 겸손으로 가장한 자부심이 없다. 격이 떨어진다. 그러면 평범한 자화자찬이 된다. 결국 이 광고는 별 호응을 얻지 못했다. 그 표현을 쓴 카피라이터는 워딩 파워를 몰랐던 것이다. 지금이라도 당신의 회사에 '00를 아는 사람들'이라는 카피를 적용해보라. 커피를 아는 사람들, 행정을 아는 사람들, 디지털을 아는 사람들. 얼핏 소박해 보이지만 꽤 효과가 있을 것이다.

다음의 언어를 비교해보면 미묘한 단어 선택이 얼마나 큰 차이를 불러오는지 알 수 있다.

- **맥 식민지** vs Mc World
- **늙은 수탉** vs 액티브 시니어
- **여편네** vs 허니
- **항암제** vs 독약
- **미세먼지** vs 중금속 먼지
- **고 대리** vs 고 프로

맥 월드라고 하면 맥도날드가 꽤 위대해 보이며 이와 관련된 맥 지수(맥도널드 가격을 비교해서 각 나라의 물가지수를 비교하는 용어)는 맥이 믿을 만한 식품, 세계 표준이라는 인상을 준다. 그러나 맥 식민지라고 하면 비만과 당뇨를 부르는 정크 푸드에 점령당한 세계의 실체가 드러난다. 언론과 기상청은 중금속 먼지를 미세먼지라는 표현으로 위험한 실상을 속이고 있다. 미세라는 말은 '사소한'이라는 의미로 들리나 사실은 치명적인 발암 먼지이다.

오늘날 항암제는 제2차 세계대전 당시 독가스 실험에서 세포 활동이 활발한 사람들이 독가스에 더 빨리 반응했던 점에 착안해서 나온 것이다. 암세포는 정상세포에 비해 세포 활동이 빠르다. 항암제 투약을 하면 암세포 외에도 다른 세포들까지 죽기 때문에 환자들은 서서히 말라가다가 90퍼센트 이상이 재발 등으로 죽는다. 항암제 병에는 해골이 그려져 있다. 독약이라는 뜻이다. 하지만 성분을 고려해 곧이곧대로 항암독약이라고 하면 환자들은 사용을 신중하게 재고할 것이다.

이런 맥락에서 광고회사 제일기획은 전 직원들이 서로를 프로라고 부른다. 대리, 과장 등으로 부르면 그는 대리가 하는 일밖에 못 할 것이나 그를 "프로"라고 부른다면 프로가 되기 위해서 열과 성을 다할 것이다.

한 나라를 뒤흔드는 워딩 파워

언어는 인간이 수만 년 동안 발전시켜온 미디어이다. 이스라엘 역사학 교수인 유발 하라리가 『사피엔스』에서 지적하듯 '협력은 인간과 동물을 가르는 결정적 기준'인데 협력사회는 결국 언어에 의해 만들어진다. 동물과 차별되는 것도 언어문화 밈(Meme) 때문이다. 밈은 유전자처럼 개체의 기억에 저장되거나 다른 개체의 기억으로 복제될 수 있는 비유전적 문화 요소 또는 문화의 전달 단위이다. 인간과 침팬지는 유전자 구성이 고작 1퍼센트밖에 차이 나지 않는다. 그러나 이제 그 둘은 넘을 수 없는 강을 사이에 두고 다른 차원에서 산다. 언어는 그만큼 결정적인 영향력을 미친다.

미국의 오바마 대통령 연설은 일품이다. 위기 때마다 그를 구한 것은 워딩 파워와 유머십이었다. 특히 한 단어 워딩 파워에 강한 오바마는 '체인지', '포워드'라는 짧은 메시지로 미국인들을 결속시켰다. 다음처럼 꽤나 강한 울림을 주는 말들을 눈여겨보라.

- 죽은 고기만이 강물을 따라 흘러간다
- 태어나느라 바쁘지 않으면 죽느라 바쁠 수밖에 없다
- 엔젤스 쉐어(Angel's Share, 위스키를 증류하는 동안 오크통 안에서 증발하는 위스키 양)

지금 한국은 경제 위기이다. 나라를 흔드는 워딩 파워가 필요하다. IMF 직후인 1999년 현대증권이 'Buy Korea' 운동을 전개하면서 한국 증시에 불이 붙었고 경제는 다시 살아나기 시작했다. 모두가 한국을 팔(Sell)려고만 할 때 한국을 구한 워딩 파워의 힘이었다. 그런데 바이 코리아를 잇는 워딩 파워가 점점 식상해지고 있다.

한국의 1990년대부터 그 이후 광고 표현들 변천을 보자. 워딩 파워가 얼마나 무디어졌는지.

[1990년대]

- 휴먼 테크
- 고향의 맛
- 가슴이 따뜻한 사람과 만나고 싶다
- 자연을 담는 큰 그릇

[2000년대]

- TTL(The Twenty's Life)
- 산소 같은 여자
- 낯선 여자에게서 내 남자의 향기가 난다
- Buy Korea

1990년대 광고엔 휴먼과 테크, 고향, 가슴, 과학, 자연 등 사회를 움직이는 주요 키워드들이 광고에 잘 녹아있고 2000년대 광고엔 참신한 감각과 나라를 움직이는 뜨거운 주장 등이 소구되고 있음을 알 수 있다. 그런데 요즘은 광고 카피는 여운이 없다.

[**최근**]

- 아, 정말 좋은데 말할 수가 없네
- 편강탕녀
- 내 몸에 의리, 잘 생겼다

　지금은 포토, 카드 뉴스, 스티커 등의 스낵 컬처(Snack Culture)가 넘쳐난다. 재미있고 참신한 표현들도 많아졌고 글로벌 소통에도 강점이 있다. 하지만 이런 현상이 계속되면 현상의 핵심을 한 언어로 포착하는 보편적 개념화 능력이 약해질 것이다. SNS상에서 쓰는 말은 더 요상하다. 개저씨. 헬조선, 죽창, 심쿵, 여병추, 병맛, 덕후, 못친소, 꿀벅지, 조냉, 안습, 캡짱, 허걱, 쁘잉, 그냥, 가카 빅엿, 잉여 …. 이 말들 중 일부는 판사가 쓴 것도 있고 방송 자막에 버젓이 인용되는 것도 있다. 그 결과 기획서를 못 쓰고 콘셉트를 못 잡는 기획자, 펌과 공유만 하는 이른바 '토스 전용 맨', 국어를 무시하면 세련된 줄 착각하는 기자들이 늘고 있다.

　워딩 파워는 스타트업에도 강력한 무기를 제공한다. 하드 캔

디와 어반디케이는 미국에서 남성을 지배하는 여성상과 그와 관련한 문화적 흐름인 아마조니아니즘(Amazonianism) 붐을 타고 강력한 세일즈 힘을 발했던 워딩 파워 사례다. 이들은 화장품 업계의 스타트업 브랜드들임에도 허를 찌르는 브랜드 네이밍과 스타일(Black Widow Spider, Vamp 스타일 등)로 매출을 일으켰다. 보다 자세한 네이밍 사례들은 다음과 같다.

- [하드캔디(Hard Candy)]

  Porno

  Trailer Trash(백인 거지)

- [어반디케이(Urban Decay)]

  Roach(마리화나 꽁초)

  Bruise(상처)

  Stray Dog(부랑견)

  Uzi(이스라엘 고성능 기관총)

  Acid Rain(산성비)

  Crash(차 사고)

욕망 지도를
따라가기

사람의 머리엔 누구나 생각의 지도가 있다. 그것을 인지 맵(Perception Map)이라고 하는데 유럽인과 아프리카인, 중국인과 한국인은 당연히 인지 맵이 다르다. 한국인은 보통 의식주 순서로 말하지만 중국인은 식이 먼저다. 가치의 지도도 다르다. 만일 뇌 지도를 본다면 미국인은 '바꾼다(Change)'라는 말에, 한국인은 '지킨다(Protect, Preserve)'란 말에 뇌 부위가 활성화될 것이다. 각각 프로테스탄티즘과 유교 때문이다. 그래서 오바마, 마이크로소프트, 애플, 구글이나 실리콘밸리 리더들은 세상을 바꾼다는 미션을 자주 이야기하고 이에 비해 과거 한국 리더들은 보국(保國, 報國) 이야기를 많이 했던 것이다.

워딩 파워의 자산이 돼주는 욕망 지도

지도는 리더들의 무기이며 표식이다. 유럽은 대항해 시대에 무엇보다 먼저 세계 지도를 만들었다. 최고의 지도를 가진 사람이 시대의 리더가 됐다. 경영은 욕망의 바다를 집단의 힘으로 항해하는 것이다. 당연히 지도가 필요하다. 경영자, 기획자라면 욕망을 분석하고 자사만의 차별화된 욕망 지도를 그려놓을 필요가 있다.

다양한 욕망을 지도만으로 파악할 수는 없지만 몇 가지 전략 축을 그리면 경영에 유용한 몇 개의 지도를 만들 수 있다. 그것은 금고 속에 숨겨놓은 코카콜라의 제조 비법처럼 기업의 고유 자산이 될 것이다.

욕망 지도는 가로축을 여성과 남성, 세로축을 정신적인 것과 물질적인 것으로 나눈 것으로 여성과 남성의 기본적인 욕망에 대해 파악할 수 있다. 맵의 좌우, 상하에 있는 세부 욕망들은 서로 대비가 되도록 위치 시키는 게 좋다. 그래야 차별화되며 나중에 새로운 가치를 창출할 수 있다. 이 지도는 그리는 사람마다 다르게 나타난다. 한국의 중산층 남성으로서 내가 그리는 지도와 독자들이 그리는 지도가 다를 것이다. A사와 B사의 지도 또한 서로 다를 것이며 그것은 그대로 차별화된 욕망 지도

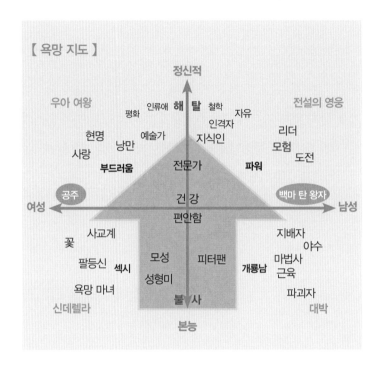

【 욕망 지도 】

정신적

우아 여왕　　　　　평화　인류애 **해 탈** 철학　　전설의 영웅
　　　　　　　　　　　　　　　　자유
　　　현명　낭만　예술가　　인격자
　　사랑　　　　　　지식인
　　　　부드러움　　전문가　**파워**
　　　　　　　　　　리더
　　　　　　　　　　모험
　　　　　　　　　　도전

여성 ←　　　公主　　　건 강　　　백마 탄 왕자　→ 남성
　　　　　　　　　　편안함

　　　꽃　사교계　　　　　　지배자
　　　　　　　　　　　　　　야수
　　팔등신 **섹시**　모성　피터팬　마법사
　　　　　　　성형미　　　**개룡남** 근육
　　욕망 마녀
　신데렐라　　　　　불 사　　　　파괴자　　대박

본능

가 된다.

　세로축의 가치 개념이 없이 보면 남성은 백마 타고 오는 왕자, 여성은 공주를 궁극적으로 욕망할 것이다. 그래서 어린이나 젊은 시절엔 공주, 왕자 마케팅이 잘 통한다. 여기에 정신적인 가치가 들어가면 고차원 욕망으로 이동하는데 성숙한 남성은 '세상을 구원하는 영웅', 여성은 오드리 햅번이나 「겨울왕국」의 엘사 여왕처럼 '사랑과 존경을 받는 우아한 여왕'을 욕망한다. 스티브 잡스나 래리 페이지, 저커버그, 존 매키(홀푸드 CEO) 같

은 뉴 리더들이 꿈꾸는 것도 바로 이 욕망이다.

남자와 여자로서 상상 가능한 욕망들을 이 4분면 그래프 안에 적정한 위치를 생각해가며 그려넣어라. 하나하나가 욕망의 개별 단위(카테고리)가 되고 당신은 멋진 욕망 지도와 욕망 사전을 가질 수 있다. 욕망 지도를 잘 활용하면 상식의 틀에서는 상상하기 힘든 재미난 제품, 서비스, 콘텐츠와 트렌드 워딩 파워를 만드는 것이 가능해진다.

욕망에 욕망을 더하라

욕망 지도를 잘 활용하는 방법이 '맵 더블링(Map Doubling)'이다. 2001년 배우 신은경이 보기에도 섬뜩한 가위를 들고 "꿇어"라고 살벌하게 말하던 영화 「조폭 마누라」는 여성 상위 시대에 맞춘 아마조니안(Amazonian) 영화였다. 미국은 이보다 훨씬 전에 아마조니안 영웅을 만들려는 시도를 했다. 그래서 1941년 마침내 원더우먼이 탄생했다. 「조폭 마누라」는 '화장하는 남자'나 보보스처럼 현실에서 발견한 것이 아니라, 마스턴 박사의 원더우먼 캐릭터처럼 몇 가지 욕망을 인위적으로 조합한 캐릭터일 가능성이 높다. 그 조합은 여성 상위 시대의 개막과 함께 대성공을 거두었고 트렌드를 선도했다. 전지현을 스타 반열에 올려놓은 영화 「엽기적인 그녀」도 그 붐을 탔다. 이 작품은 2017년 동명의 사극으로 패러디해 방영될 정도로 아직까지 영향력이 크다.

웹툰 겸 MBC 드라마 「밤을 걷는 선비」도 선비와 드라큘라를 인위적으로 조합한 예다. 황당한 조합이지만 그 웹툰은 게임으로도 출시되어 구글 플레이스토어 유료 게임 1위에 오르기도 했다. 캐릭터 조합 방식은 유교의 영향으로 신화와 이야기가 빈약한 한국의 마케터나 상품개발자, 콘텐츠 기획자들이 노려볼 만한 마케팅 방식이다. 이때 욕망 지도를 잘 조합하면 새로운 창조물을 만들 수 있다.

트렌드를 쫓기보다 창조하고 싶다면 체계적이고 더 나은 방법 즉, 욕망 지도의 더블링으로 상하좌우 접기를 해보자. 그리스와 인도 신화에 나오는 동물과 인간의 신화적 존재, 남녀 한 몸인 아수라나 야누스 등이 그렇게 탄생했다. 이때 핵심은 서로 다른 두 가지를 섞는 것이다. 말과 날개를 섞으면 비마 페가수스가 되는 것처럼. 두 가지를 이어서 계속 섞으면 2의 n승 경우가 나온다. 그래서 고대 이집트 신화는 너무 섞어서 누가 누군지 종잡을 수가 없을 정도로 분화했고 일본은 신이 180만 개나 된다고 한다. 덕분에 세계 신화는 아주 풍부한 캐릭터들을 가지게 되었다. 그리고 「스타워즈」, 「해리포터」 등이 그 창조의 결실을 잘 활용한 작품들이다.

욕망 지도에서 오른쪽 상단의 세상을 구한 영웅과 왼쪽 상단의 우아한 여왕이 만나면 두 개의 상이 나온다. '세상을 구한 우아한 여자 영웅(「겨울왕국」의 엘사)'과 '세상을 구한 우아한 남자 영웅(예수)'과 같은 방식으로 개별 욕망들을 조합해보라.

다음은 시험적으로 제시하는 것들이다. 새로운 것도 있고 현재 이미 구현된 것도 있다(*는 현재 없는 것이다).

[제3의 스타일(남성과 여성 좌우)]

- 세상을 구한 여자 영웅
- 백마 타고 오는 공주*: 잔다르크를 연상하겠으나 그녀는 평민의 딸이었다. 원더우먼이 비슷한데 좀 섹시하여 남성 욕망의 아바타 같다.
- 밀리터리 룩
- 애완남
- 신(新) 열녀*: 아내를 위해 정조를 지키는 남성이다.

[가치 전환(정신과 본능 상하)]

- 마녀의 성에 있는 우아 여왕*: 「겨울왕국」의 엘사를 연상

하겠으나 그녀는 성에 있을 때 우아하지 않았다.

- 세상을 구한 배드 보이(Bad Boy) 영웅

- 강남 좌파

- **보보스**(BOBOS)

- 우아한 도박사*: 섹시한 도박사는 있었어도 우아한 도박
  사는 없었다.

- 젠틀 몬스터

3

오래된 미래

현재 당신의 엄마는 어떤가. 당신에게 이래라저래라 잔소리를 할 것이고 가끔은 짜증나는 모습을 보이는 데다가 살도 약간 쪘고 이마와 눈가에는 주름도 있을 것이다. 그러나 이것이 엄마의 전부는 아니다. 자, 이제 시계를 돌려라. 당신이 청소년이었을 때와 아기였을 때 엄마가 보이는가? 시곗바늘을 더 돌려 엄마의 배 속에서 지내던 시절로 가보라. 당신이 들어있던 배를 소중하게 쓰다듬으며 모차르트 음악을 듣던 엄마가 보일 것이다. 여기서 멈추지 말고 엄마가 수줍은 처녀였을 때, 꿈 많은 여대생이었을 때, 댕기머리 소녀였을 때까지 생각해보라. 그녀의 인생이 너무 소중해 보이지 않는가. 그게 나의 기원, 엄마의 기원이다. 기원은 과거가 아니다. 오래된 미래다.

블록버스터와 블루투스

기원과 관련한 사례들을 몇 가지 소개한다.

블록버스터(Blockbuster)란 용어는 사실 영화와 별로 관계가 없다. 이것은 구역을 나타내는 '블록'에 폭발물이라는 뜻의 '버스터'가 합쳐진 말이다. 블록버스터는 원래 제2차 세계대전 중에 쓰이던 폭탄의 이름이다. 제2차 세계대전 때 영국 공군은 4~5톤짜리 폭탄을 독일을 폭격하는 데 썼는데, 이 폭탄은 한 구역(Block)을 송두리째 날려버릴(Bust) 위력을 지녔다고 해서 블록버스터라고 명명하였다고 한다. 이 단어가 영화계로 흘러 들어오면서 처음에는 '흥행에서 단기간에 성공을 거둔 영화'를 가리켰는데, 요즘엔 '단기간에 큰 흥행을 올리기 위해 엄청나게 돈을 들여 만든 대작'을 부르는 말로 쓰인다.

블루투스(Bluetooth)는 휴대전화와 휴대전화 또는 휴대전화와 PC 간에 사진이나 벨소리 등의 파일을 전송하는 무선 전송 기술로, 직역하면 '푸른 이빨'이란 뜻이다. 이 명칭은 10세기 덴마크와 노르웨이를 통일한 전설적 바이킹, 헤럴드 블루투스

(Harald Bluetooth)의 이름에서 따왔다. 해적은 밝은 눈이 생명이고 블루베리는 시력 증진에 도움이 되는 식물이다. 과연 그런 이유 때문인지 그는 블루베리를 즐겨 먹었고, 이로 인해 치아가 항상 푸른빛을 띠고 있어 '푸른 이빨'로 불렸다. 블루투스가 스칸디나비아 반도의 바다를 통일한 것처럼 이 이름은 원래 PC와 휴대폰 및 각종 디지털 기기 등을 하나의 무선통신 규격으로 통일한다는 프로젝트명 – 스컹크 팀처럼 – 이었는데 나중에 그대로 브랜드 이름으로 발전한 것이다.

1994년 세계적인 통신기기 제조 회사인 스웨덴의 에릭슨은 휴대전화와 그 주변장치를 연결하는 무선 솔루션을 고안해 케이블을 대체하기 위한 연구를 시작했다. 이후 에릭슨은 다른 휴대장치 제조사와 제휴를 추진했고 마침내 1998년 2월 에릭슨을 주축으로 노키아, IBM, 도시바, 인텔 등의 대표적인 첨단 IT 기술회사로 구성된 블루투스 SIG(Special Interest Group)가 발족했다.

이번에는 우리나라의 이야기이다.

두부 하면 초당 두부를 많이 떠올리는데, 초당은 지명이 아니라 허균과 허난설헌의 아버지 허엽의 호다. 16세기 조선 시대 중엽 강릉 부사 초당 허엽은 관청 앞마당에 있는 샘물로 두부를 만들고 바닷물로 간을 맞췄다. 강릉에서는 천일염이 생산되지 않기 때문에 소금 대신 동해의 깨끗한 바닷물을 간수로 이용했다. 이 두부에 허엽이 자신의 호를 붙여 '초당 두부'라 이름을 지었다. 두부를 만들었던 샘물이 있던 자리는 강릉시 초당동으로 허엽이 살았던 집 부근은 초당마을이라고 불린다.

인간은 땅에서 기원하였고 땅에 뿌리를 박고 산다. 그러다가 유목을 하여 땅에 대한 그리움이 원초적으로 남아있기 마련이다. 장소의 기원은 사람들에게 신뢰와 신비감을 준다. 기원의 장소를 찾는 네이밍 전략이 잘 통하는 이유가 여기에 있다. 강릉에서 시작해 최근 인기 있는 카페로 자리 잡아가는 테라로사(Terrarosa)는 '붉은 땅'이라는 뜻인데 붉은 땅은 커피가 자라기 좋은 토질이다. 테라로사는 지질학적인 기원을 갖는 카페 이름인 것이다.

앞으로 마케팅 전략은 심리학에서 인류학 기반으로 옮겨갈 것이라는 전망이다. 세상은 일견 물질적으로 안정되어 보이나 울리히 벡의 『위험사회』, 나심 탈레브의 『검은 백조』에 나오는 경고처럼 예기치 않은 불길한 일들이 수시로 터진다. 삶이 불안해지면 기원에 사람들의 관심이 많아진다. 이처럼 기원 내러티브는 언제나 주목받기에 기원을 활용한 워딩 파워는 흥미진진한 스토리와 함께 통찰력까지 부여해주리라 예상된다.

왜 프론트페이지가 아니고 홈페이지일까

'홈(Home)'은 '하우스(House)'와 다르다. 하우스가 건축물 자체를 지시한다면 홈은 가족, 정서, 고향, 문화 등을 지칭한다. 기원을 중시하는 사람에게 중요한 것은 홈이다. 모든 사람은 홈을 지향한다. 노마드(Nomad, 유목민)라고 해서 예외는 아니다. 디지털 노마드가 자유로울지는 몰라도 평생 외로움에 시달릴 가능성이 높다. 미국은 이민자의 나라다. 그래서 역설적으로 홈에 대한 애정이 각별하다.

미국인의 마음을 잡고 싶으면 모험과 홈, 그 이중주 이야기를 해야 한다. 컨트리 송 가수 존 덴버가 1971년에 발표해서 세계적인 사랑을 받은 노래가 「고향으로 데려가 주오(Take Me Home, Country Roads)」였다. 미국의 의학자면서 시인인 올리버 웬델 홈스는 "우리가 사랑하는 곳은 집이다. 발은 떠나도 마음이 떠나지 않는 곳이 우리의 집이다"라고 말했다. 미국인이 사랑하는 스포츠인 야구도 결국 최종 지향점이 홈이다. 홈에 들어와야 점수가 난다. 세계적 문화인류학자인 클로테르 라파이유 박사는 미국 야구의 컬처코드를 그래서 홈이라고 정의했다.

수천 년을 고국 없이 떠돌아다닌 이스라엘 사람에게도 홈은 절대적 코드이다. 그것을 시오니즘이라고 한다. 시온은 예루살

렘 성지의 언덕으로 다윗이 이곳을 수도로 삼고, 법궤를 이곳으로 옮겨 정치적·종교적인 중심지로 삼았던 곳이다. 2015년 2월 베냐민 네타냐후 이스라엘 총리는 '컴백홈' 발언을 했다. "유대인들이여, 안전한 집으로 오세요. 두 팔 벌려 형제자매들을 기다립니다." 유대인을 겨냥한 유럽의 테러가 여전히 지속되고 있기 때문이었다.

한자 문화권에서 중심적인 사상 중 하나도 홈으로 돌아가겠다는 귀거래 사상이다. 그런데 이때의 홈은 고향보다는 사실 자연(山)에 가깝다. 고대 중국을 대표하는 시인인 도연명은 서기 405년, 41세 때 유명한 「귀거래사」를 썼다. 현의 지사 자리를 버리고 고향인 시골로 돌아오는 심경을 읊은 시로서, 세속과의 결별을 진술한 선언문이다. 이후로 중국과 한국의 관리들은 귀거래, 즉 자신의 홈으로 돌아가는 것을 관직의 마지막 꿈으로 삼았다.

홈에 대한 인간의 그리움은 현대의 미국 IT 산업에도 그대로 살아있다. 홈페이지가 그것이다. 홈페이지는 월드와이드웹(WWW)의 초기화면 또는 WWW가 제공하는 화면의 총칭이다. 홈페이지는 기업과 전 세계 고객이 만나는 장이며 수억 명의 네티즌과 교감할 수 있는 대화의 장이며, 정보를 주고받는 창구가 된다.

그런데 왜 제일 앞면이라는 뜻의 프론트페이지가 아니고 홈페이지일까? 웹 사이트에서 제일 먼저 보이는 화면이므로 '프론트페이지'라고 해야 맞는 말인데 말이다. 여기에는 돌아가야 할 홈을 그리워하는 인류학적 기원이 담겼다.

기억은 상상의 시작이다

- 사람들은 왜 대로보다 골목길을 좋아할까?
- 남녀는 왜 커뮤니케이션 방식이 틀릴까?
- 왜 사람들은 이익보다는 손실을 더 무서워할까?

이런 질문들에 답하려면 심리학보다 인류학적 통찰을 참조해야 한다. 인류학은 몇 천, 몇 만 년 먼 시간의 인간을 다룬다. 현대를 살아가는 인간도 내면에는 수만 년 전 과거의 동물적 기억, 습성을 가지고 있는 과도적 연결체다. 늑대 인간, 집단 광기, 양복 입은 원숭이 등은 마치 한국인의 엉덩이에 나있는 몽골반점처럼 인간의 지울 수 없는 흔적을 짚은 표현들이다. 그래서 고객의 행태를 짚을 때 짧은 시간의 심리학적 관찰로는 설명 안 되는 것이 많다. 행동경제학에서 자주 말하는 '닻 내림

효과[8]나 '휴리스틱[9] 등은 "왜 그럴까?" 하는 인류학적 설명이 붙어야 고개를 끄덕거리게 된다. 최근 활발히 연구되는 발달심리학이나 인본주의 심리학, 칼 융의 집단 무의식 분석이론, 진화심리학 등은 인류학적인 통찰을 반영하고 있다.

인류학적인 관점에서 보면 몇 만 년 동안의 인구 수, 정보량, 경제 성장 속도, 환경 파괴, 멸종 동물, 전통시장, 비만도 그래프는 아주 완만한 변화를 해오다가 150년 전 산업화혁명 이후에 급격한 로켓 커브를 그리고 있다. 1850년 지구의 총 인구는 12억이었다. 이는 인류가 짧은 시간에 너무 빨리 발전했기 때문에 과거와 '인류학적 단절'이 격하게 생겼음을 보여준다. 단절은 불안을 만들고 회귀 심리를 자극한다. 그래서 우리는 불현듯 불안해하다가 멈춰 서서 묻고 싶어진다. 어디서 왔고 어떻게 왔는지? 왜 왔는지? 이곳은 도대체 어디고 얼마나 또 가야 하는지?

그러려면 기원에 대한 연구를 활용해야 한다. 기원은 소리 없는 과거의 침묵이 아니다. 알파고 개발자 데미스 하사비스는

---

8 Anchoring Effect, 어떤 사항에 대한 판단을 내릴 때 초기에 제시된 기준에 영향을 받아 판단을 내리는 일종의 편향 현상이다.

9 Heuristics, 시간이나 정보가 불충분하여 합리적인 판단을 할 수 없거나, 굳이 체계적이고 합리적인 판단을 할 필요가 없는 상황에서 신속하게 사용하는 어림짐작의 기술이다.

유니버시티칼리지런던에서 인지신경과학을 연구하다가 기억과 상상이 뇌의 같은 부분에서 생겨난다는 것을 발견했다. 상상하려면 기억을 해야 하고 기억은 상상을 통해서 가능해진다는 것이다. 영국의 과학 잡지『사이언스』는 이 발견을 2007년 세계 10대 과학 성과 가운데 하나로 꼽았다.

사람들은 본능적으로 기지의 과거와 미지의 미래, 시간의 양쪽 끝을 기억과 상상을 통해서 본다. 과거는 그립고 다시 가고 싶은 기원의 시간이다. 아름다운 상상이 거기에 보태지면 나의 어린 시절은 아름다운 기원이 깃든 곳이고, 고향은 내 가족의 아름다운 기원인 곳이고, 내 성의 본은 씨족의 신비한 기원이다. 여우는 죽을 때 머리를 원래 태어난 구릉을 향한 채 죽는다고 한다. 수구초심(首丘初心)의 유래가 여기서 나왔다. 인간 역시 기원을 잊지 못하는 수구초심의 존재다. 그러니 기원의 마케팅을 하면 정겹고 편하며 아름답게 보인다.

시간과 기억의 전달자들

영화「헤드윅」의 끝에는「사랑의 기원(Origin of Love)」이란 노래가 나온다. 어떻게 보면 이 가사를 듣고 기원의 힘에 대해 생각했는지도 모르겠다. 가사의 내용은 대충 이렇다.

'태초에 세 종류의 인간이 있었다. 여자와 여자, 남자와 남자, 남자와 여자를 한 몸에 지닌 인간 세 종. 그들은 머리가 둘이었고 팔 네 개, 다리 네 개인 완전체였다. 그들은 교만해졌다. 그러다가 제우스신의 분노를 사서 신이 번개를 던져 그들을 둘로 쪼개버린다. 그래서 세상에는 남자와 여자만 남게 되었는데 지금도 그들은 원래 그들의 반쪽을 찾아 사랑을 갈구한다. 남자 동성애, 여성 동성애 그리고 이성애자들은 이렇게 생겨나게 되었다.'

이 가사는 원저작자 존 캐머런 미첼이 플라톤의 『향연』에서 아리스토파네스가 성의 기원을 말하는 데서 착안해 각색한 것이라 한다. 노래 가사가 너무 신비하고 아름답다. 「헤드윅」을 본 사람은 어쩔 수 없이 트랜스젠더의 인생을 사는 헤드윅의 인생에 빠져들다가 마지막 이 노래를 듣고는 깊은 감동을 받으면서 '정말 그것이 사랑의 기원일까?' 생각하게 된다. 사랑의 기원만 있는 것도 아니다. 아기의 기원은 엄마다. 둘은 탯줄로 이어진다. 아기는 엄마가 어떻게 생겨났는지는 모르지만 자신의 기원이기에 절대적으로 믿게 된다. 그러니 '엄마 찾아 3만 리'를 간다. 아직까지 아빠 찾아, 오빠 찾아 3만 리를 간다는 말은 들어보지 못했다.

마케팅에서는 이런 기원(Origin)의 힘을 조금은 속 보이지만 '첫(First)-' 또는 원조라는 테마로 풀어내 소비자를 현혹한다. 이는 기원이나 태생과는 상관없이 시간상 처음이라는 뜻일 뿐이다. 그런데도 사람들은 신비한 의미를 부여한다. 최초, 마수걸이, 첫인상 효과, 선착순, 닻 내리기 등의 세일즈 기법이 이렇게 해서 나왔다. 첫사랑 효과도 마찬가지다. 첫사랑이 반드시 완벽하거나 최상의 사랑은 아니라 해도 쉽게 잊지 못한다.

기원은 늘 신비하고 오래오래 기억되며 위엄이 있다. 따라서 처음, 즉 기원을 워딩 파워로 불러내는 것은 꽤 효과적인 전략이다. 그런데 기원은 시간적인 것이고 시간에는 거리가 있다. 나의 기원과 가족의 기원, 종족의 기원과 인류의 기원, 생명의 기원, 별의 기원 등은 시간의 단위가 다르지 않겠는가? 그래서 기원을 시간으로 나눌 필요가 있다.

기원에는 짧은 기원, 중간 기원, 먼 기원과 아주 먼 기원이 있다고 임의로 정해보자. 짧은 기원은 나와 가족의 기원, 중간 기원은 내 부족의 기원이 된다. 먼 기원은 각 부족이 뿌리를 두고 있는 영장류의 기원이고, 아주 먼 기원은 생명을 배태한 유전자와 우주의 기원이 된다. 이러면 좀 구체적이 된다. 인류학이나 발생론을 연구하는 학자들에 의하면 현재 우리의 몸과 기억 안에는 이 모든 기원이 담겨져 있다고 한다. 실제로 인간의 태아는 10개월 동안 자궁에서 인류가 단세포부터 어류, 파충류, 포유류로 차례로 발달해온 과정을 그대로 다 겪으면서 성장한다. 그리고 우리의 몸은 식물질이 아니라 광물질이 대부분이다. 우리는 영원한 곳으로 가는 배처럼 시간과 기억의 전달자인 것이다. 그러니 우리의 기원에 대한 기억을 믿어보자. 기업 전략에 유용한 통찰이 나올지도 모른다.

기원을 이렇게 네 개로 나눠보자.

① **짧은 기원**(Family Term Origin)
  : **어머니, 추억, 어린이, 귀향, 종갓집, 길, 전통 소재 등**
② **중간 기원**(Tribal Term Origin)
  : **컬처 코드, 부족 원형, 영웅 이야기, 상징 등**
③ **먼 기원**(Mankind Term Origin)
  : **진화생물학, 지리학, 수십 만 년 전의 구석기 식단**
④ **아주 먼 기원**(Cosmos Term Origin)
  : **우주의 기원, 생명의 기원**

수천 년 동안 기원 스토리 콘텐츠는 아주 잘 통했다. 그리스 로마 신화, 동북아 대륙의 치우 신화부터 북유럽의 호빗, 나니아 연대기 그리고 한국의 콘텐츠인 이현세의 『천국의 신화』, 김진명의 『천년의 금서』 같은 신화 만화나 소설은 사람들의 관심을 모으면서 대체로 많은 사랑을 받았다. 기원 앞에서는 어른도 이야기를 좋아하는 아이일 뿐이다.

짧은 기원을 활용한 워딩 파워

제일제당(현 CJ)의 '고향의 맛' 다시다가 히트를 친 데는 당시 시대의 사회심리학적 배경이 중요한 이유가 된다. 다시다가 출시된 1975년은 도시화가 급속도로 진행되고 여성들이 교육을 많이 받기 시작한 때다. 시골을 떠나 서울로 온 똑똑한 딸들은 공부하느라고 요리를 익히지 못했다. 당연히 생각나는 것은 고향에 있는 어머니의 솜씨였다. 그에 착안해서 나온 카피가 바로 배우 김혜자의 그 유명한 '고향의 맛'이다. 이 광고로 다시다는 숙적 미원을 마침내 누르고 일등 조미료로 올라섰으며 김혜자는 국민 엄마로 자리매김하게 된다.

비슷한 예로 '엄마의 손맛' 햇반, 대상 그룹의 '종갓집', 욕심쟁이 놀부 이야기를 활용한 '놀부 보쌈', P&G의 땡큐 맘 캠페인 등을 들 수 있다. 엄마와 고향 마케팅이 성공하니 할머니 마케팅도 나왔다. 일반 자영업 시장에서는 할머니 곰탕, 욕쟁이 할머니 집 등이 인기가 높은데 이들도 짧은 기원에서 나온 워딩 파워들이다.

젊은 세대 사이에서 통하는 '영심이 떡볶이'와 '아딸 떡볶이'도 짧은 기원의 추억을 자극하는 예이다. 영심이 떡볶이의 '영심이'는 배금택 화백이 그린 1990년 추억의 만화 『영심이』의 주인공이다. 영심이는 소공녀, 빨간 머리 앤, 말괄량이 삐삐 등의 계보를 잇는 말괄량이 소녀 테마인데 영심이 떡볶이는 그 스토리에 익숙한 독자를 어릴 적 추억 속으로 이끄는 힘이 있다. 그리고 아딸 떡볶이는 간판에 '아버지가 만든 튀김! 딸이 만든 떡볶이!'라고 써있을 만큼 부녀지간의 소박한 정을 느끼게 하는 브랜드다.

커피 회사 네슬레는 창립자 스위스의 앙리 네슬레 이름을 따서 회사 이름을 네슬레라고 지었지만 그것만이 다는 아니다. 로고를 보면 둥지가 나오고 안에 어미 새와 새끼 새들이 평화롭게 있다. 이는 엄마의 품을 상징하는 것이며 인간에게는 홈과 같은 것이다.

1995년 출시되어 블루오션을 연 사례로 꼽히는 위니아의 김치 냉장고 브랜드인 딤채도 짧은 기원을 잘 활용한 워딩 파워 사례다. 딤채는 한국 가정에서는 반드시 필요한 김치에서 온 것이기 때문이다. 식품과학기술사전을 찾아보면 딤채(沈菜,

Dimchae)는 김치의 어원이다. 중국에서 채소절임 음식을 저(菹)라고 하는 데 비해 한국은 한자어로 침채(沈菜)라고 하였다. 이것은 소금에 절인 채소류가 배어 나오는 국물에 잠기게 되는 한국 김치의 특징을 나타내는 이름이다. '침채'란 문자 그대로 '채소를 담근다'는 뜻이다. 침채가 '팀채⇨딤채⇨짐채' 순서로 변하였다가 김채가 되었고 이것이 오늘날의 김치가 된 것이다. 이런 김치의 어원을 선점함으로써 위니아 딤채는 삼성, LG 같은 공룡의 추격도 버텨낼 독창성을 확보했다.

중간 기원을 활용한 워딩 파워

덴마크의 코펜하겐학파 미래학자 롤프 옌센은 다가올 드림 소사이어티에서는 감성과 스토리텔링이 중요하다면서 이는 수렵채취 원시사회에 기원이 있다고 했다. 수렵채취 사회는 부족의 전설과 의식(儀式)을 가장 잘 아는 자, 즉 스토리텔러가 지도자였다. 옌센은 드림 소사이어티는 부족 사회의 재림이고 스토리텔러가 중요한 인재가 된다고도 전망했다. 홀푸드마켓은 세계 매장의 팀장 회의를 부족회의라고 부른다. 옌센은 상품도 실용적인 기능을 강조하기보다는 스토리텔링 기법을 활용해 그것이 가진 고유한 이야기와 신화적 의미를 부각시키는 마케팅을 해야 한다고 했는데 이 주장은 세계 마케팅계에 많은 파장을 일으켰다.

우리는 누구나 어떤 부족의 먼 후예들이다. 부족의 오래전 기억은 대체로 상징과 컬처 코드, 이야기로 압축 변형되어 전승된다. 그래서 부족에 널리 알려진 영웅, 심벌, 미녀 등은 늘 인기 아이템이다. 브랜드들을 차별화시키고 특정 캐릭터를 단숨에 확보하려면 이런 소스들을 쓰는 것이 현명하다. 중국의 알리바바는 소년과 도적, 보물의 동굴 테마를 선점했다. 기업의 성격과 잘 맞지 않는가. 세계적으로 인기 있는 캐릭터들인 돈키호테, 원탁의 기사, 삼총사는 기사 스토리를 워딩 파워로 다룬 것이고, 사관과 신사, 킹스맨 등은 세련된 매너로 레이디를 존중하는 신사의 기억을 워딩 파워로 살린 사례다. 미국의 카우보이, 중국의 군자와 황비홍 등 영웅 이야기도 세계인의 관심을 끈다.

한국에도 이런 부족의 영웅이 존재할까? 하버드대학교 출신의 동북아 비교문화 연구자면서 현재 경희대학교 국제대학원 교수로 재직 중인 임마누엘 페스트라이쉬가 말하듯 '선비'가 있다. 선비를 잘 활용한다면 외국의 경영이나 리더십과 차별화되는 '선비 경영'이나 '선비 리더십' 등의 워딩 파워가 충분히 가능할 것이다.

기회를 찾아서 멀리서 이주를 해온 이주민의 후예들이고 카우보이의 전통을 가진 미국 부족들에게는 탐험가 이야기가 잘 통한다. 탐험과 관계된 차 이름들이 많은 것이 그 때문이다. 특히 중간 기원과 관련해서 재미있는 브랜드 워딩 파워가 많다. 세단과 형태가 아주 다른 지프(Jeep)는 크라이슬러의 자동차 브랜드이자 사업부의 이름으로, 사륜구동 자동차의 원조로 꼽힌다. 교양영어사전을 보면 지프라는 이름은 제2차 세계대전 때 이 차의 생산을 주문한 미국 정부가 GP(Government Purposes)로 지정한 데에서 비롯되었다는 설이 있는데 확실치 않다. 만화 뽀빠이[10]에 등장하는 캐릭터의 이름으로 덩치가 작으면서도 괴력의 소유자인 요술 강아지 'Eugene the Jeep'에서 비롯되었다는 설도 있다. 그 강아지는 "Jeep! Jeep!" 소리만 냈다고 한다. 최초의 본격적인 SUV는 지프 체로키다. 체로키는 아메리카 인디언 마이두 부족의 거주지였다.

미국 자동차에는 탐험을 연상케 하는 이름이 유달리 많다. Explorer(탐험자), Escape(탈출), Compass(나침반), Liberty(자유),

---

10 Popeye, '눈이 커질 만큼 대단한'의 뜻으로 파파이스 푸드가 여기서 브랜드명을 착안했다.

Range Rover(산악 유랑자), Navigator(항해자), Wrangler(카우보이) 등의 차 광고는 늘 황야나 오지를 배경으로 프런티어적인 모습을 보여준다. 차는 사실 도시를 달려야 하는 운명이지만 광고는 전혀 다른 세계를 꿈꾸는 것이다.

기술이 발달할수록 인간은 과거 공동체와의 연결고리가 멀어진다. 하지만 공동체 워딩 파워가 있으면 과거와 현재, 인간의 꿈과 기술이 연결되며 다른 공동체를 기반으로 한 기술과 차별화된다.

하지만 현대차 주요 차종 이름은 아반테, 소나타, 에쿠스, 제네시스 등이다. 각각 '앞에', '연주', '말 종류', '창세기(또는 발생, 기원)' 등의 뜻으로 이름의 유래가 두서없다. 그럼 미국 시장을 본격적으로 공략한 일본 자동차 이름은 어떨까? 교양영어사전에는 도요타의 자동차 이름들에 대한 설명이 이렇게 나와있다.

렉서스는 컨설팅 회사인 리핀컷&머짓(Lippincott & Margulies) **사가 내놓은 219개의 이름 후보 가운데 뽑힌 Alexis에서 A를 빼고 i를 u로 바꿔 Lexus로 한 것이라고 한다.**

한편에서는 'Luxury Exports to the U.S'의 첫 글자를 조합해 만들었다는 설도 있는데 이는 사실이라기보다는 미국과 일본의 악연에 대한 억측에서 나온 듯하다. 도요타 SUV 차들 서브 네임인 'nx'는 Nimble Crossover(빠른 횡단), 'rx'는 Radiant Crossover(빛나는 횡단), 'ct'는 Creative Tourer를 뜻한다. 일본은 서브 네임에 미국 부족의 탐험 테마를 다루었다.

1999년 『뉴욕타임스』 칼럼니스트 토머스 프리드먼은 세계화를 다룬 책 『렉서스와 올리브나무』에서 두 유형의 투쟁, 즉 '번영과 발전을 위한 세계화 투쟁'과 '정체성과 전통을 보존하려는 보존 투쟁'을 제시했는데 전자는 렉서스, 후자는 올리브나무로 상징된다. 저자는 렉서스가 미국 시장을 공략하기 위한 것임을 간파했던 것일까? 도요타 대표 차종의 하나인 캠리(Camry)는 '왕관'의 일본어 발음을 영어로 옮긴 것이다. 도요타는 1955년 크라운(Crown)에 이어 라틴어로 왕관과 작은 왕관을 뜻하는 코로나(Corona)와 코롤라(Corolla)를 생산한 바 있다.

한편 SUV는 잘 전복된다고 해서 'Suddenly Upside-down Vehicle'이라는 별명까지 얻었는데도 여전히 미국에서 인기가 높다. 이주와 확장, 정복과 전투, 탐험의 기원을 가진 민족이라서 그럴 것이다. 미국은 차 이름들 중 많은 워딩 파워를 익스플로러, 이스케이프, 내비게이션 등 인터넷 용어로도 확장시켰다. 그러니 미국 시장을 공략하려면 이런 이름을 먼저 고려해야 하지 않을까.

탐험 관련해서 연상하다 보면 지프 체로키처럼 인디언이 떠오를 때가 있다. 미국인과 인디언의 악연은 깊고 질긴데 미국 산업계는 인디언의 신화를 곧잘 부활시킨다. 역사가 짧은 미국으로서는 인디언 이야기가 속죄의식과 기원 추구를 설명하는 좋은 소재가 되기 때문이다. 영화 「늑대와 춤을」과 「라스트 모히칸」, 애니메이션 「포카혼타스」가 대표 콘텐츠들이다. 워딩 파워도 있다. 레인 메이커(Rain-maker)다. 탁월한 세일즈 존재를 서비스업에서는 '레인메이커'라고 부른다. 비를 내리는 사람. 멋진 표현 아닌가! 예전 농업 시대 왕들이나 부족장들은 레인메이커 역할을 감당해야만 했다. 즉 레인메이커는 '조직과 회사에 이익의 단비를 내리게 하는 존재'인 것이다. 이처럼 현대인은 많은 워딩 파워를 과거 부족의 기원에 의지하고 있다.

오래전 기원을 활용한 워딩 파워

인류의 시원인 석기 시대에 해당하는 시간의 깊이를 가진 기원을 말한다. 최근 들어 이 시기를 거론하는 사람들이 증가하고 있다. 이는 대체로 건강과 관련된 이유 때문이다.

미국 과학자 로렌 코데인 박사의 '펠리오 다이어트'는 구석기 시대를 의미하는 펠리오리틱(Paleolithic) 즉 구석기 원시인 식단으로 식사를 하는 다이어트다. '구석기 식단'이라는 워딩 파워는 황제 다이어트보다는 뭔가 새롭고 건강해 보인다. 오리진 느낌도 강하다. 이 식단은 신석기 시대 이후의 식재료인 유제품, 가공 곡류, GMO 콩류, 정제된 설탕과 소금, 커피, 주류 등의 섭취를 제한한다. 아이스크림, 패스트푸드 역시 금지한다. 대신 직접 짠 우유나 채소, 방목해 키운 소고기나 닭고기, 갓 잡은 생선 등 원시인 식단을 권장한다. 일일 탄수화물 300그램 섭취도 권장한다.

와인은 프랑스 와인을 최고로 친다. 그러나 실제로 감정사들이 평가하면 프랑스 와인이 하위에 드는 경우도 많다. 그럼에도 사람들은 여전히 프랑스 와인에 대한 미련을 버리지 못한다. 그것은 프랑스 와인업계가 만든 '테루와(Terroir)'라는 워딩 파워 때문이다. 테루와는 단순하게 포도 산지라는 뜻이지만 향토, 고향으로 비유되기도 한다.

나심 탈레브는 1960년 레바논 출신의 파생상품 트레이더, 확률학자, 철학자다. 그가 월가의 현인으로 불리는 이유는 기원의 힘을 중시하는 사람이기 때문이다. 그는 '블랙 스완(Black Swan, 검은 백조)' 이론으로 월가의 폭락을 예견했다. 과거 생물학자들은 검은 백조는 지구상에 없다고 보았다. 하지만 오스트레일리아에서 검은 백조가 발견된 뒤부터 '블랙 스완'은 언제든지 있을 수 있는 일이라는 뜻으로 쓰이기 시작했다.

나심 탈레브는 월가의 폭락을 언제든지 있을 수 있는 일이라고 예견했다. 그는 인간의 머리로는 세상을 다 이해하고 예측하기 힘들다고 주장한다. 그는 '이해할 수 없는 세상에서 무엇을 할 것인가'에 초점을 맞춘다. 그러려면 과거의 인류 경험이 믿을 만하다. 그는 그래서 '안티프래질(Anti-fragile)'이라는 하나의 워딩 파워를 창안했다. 현대는 깨지기 쉬운(Fragile) 사회다. 오래되지 않은 것들은 쉽게 깨진다. 그래서 위험한 것이다. 그는 주스를 마시지 않는다. 인류가 비교적 최근에 마시기 시작한 오렌지 주스, 더구나 GMO 따위는 아직 믿을 수 없기 때문이다. 그건 프래질한 것이다. 대신 수천 년 동안 마셔온 와인은 믿을 수 있고 수만 년 동안 마셔온 물은 더 신뢰가 간다. 그것들은 쉽게 깨지지 않는다. 그는 "프래질한 것을 믿지 말라!"고 주장한다. 의식주는 인간이 오래전부터 진화시켜온 부문이다. 특히 식(食)은 더욱더 그렇다. 당연히 오래전 기원의 식재료가 안티프래질하다.

◇◇◇◇◇◇

　자, 이제 나는 오래전 기원을 마침에 앞서 다음의 두 가지를 더 독자에게 제공하려고 한다. 애니미즘과 토테미즘이다. 그것들은 오래전 기원이면서도 지금도 생생하게 우리 옆에 있기 때문에 기원을 다루려면 반드시 참조해야 한다.

애니미즘

　모든 대상에 영(靈)적인 능력이 있다고 믿는 세계관으로 주로 원시종교의 특성을 설명할 때 사용되는 용어다. 라틴어 'Anima(영혼)'에서 유래한 이 용어는 영국의 인류학자인 E. B. 타일러가 처음 사용했다. 타일러는 신성한 존재에 대한 일반적인 믿음인 애니미즘(Animism)이 모든 종교의 기원이며 근본 원리라고 주장한다. 원시인들은 죽음의 현상, 꿈, 혼수상태 등에 관한 의문을 해결하기 위해 정령(Spirit)의 존재를 믿기 시작했고, 종교는 죽음 이후에도 활동하는 정령이 숭배의 대상이 되면서 비롯되었다.

　애니미즘의 대표적인 상징이 앞에서 언급했던 생명의 나무일 것이다. '생명의 나무(The Tree of Life)'는 우주의 기원과 구조 및 삶의 근원을 상징한다. 생명의 나무는 우주목·세계수·중심축(Axis Mundi), 지혜의 나무라고도 한다. 생명의 나무와 관련된 신앙은 신화와 의례에서 보편적으로 발견할 수 있다. 인도의 오래된 문헌에는 우주가 커다란 나무로 묘사되어 있다. 불타가 깨달음을 얻은 보리수는 원래 인도의 전통에서는 지혜의 나무이자 우주목이었다. 『우파니샤드』에서 우주는 하늘에 뿌리를 두고 땅 위에 가지를 드리운 거꾸로 서있는 나무로 묘사된다. 이 나무는 우주의 신 브라만을 상징한다.

북유럽 신화에 자주 등장하는 '위그드라실(Yggdrasil)'은 뿌리가 지구의 중심까지 뻗어있는 지구 중심축으로 그 곁에 생명의 샘이 있다. 단군신화에 나오는 신단수도 생명의 나무에 기원을 둔 것이다. 기업의 로비에 생명의 나무(회사 성격에 따라서 미의 나무, 물의 나무 등으로 변형 표현) 한 그루를 심어놓거나 미디어 쇼로 보여준다면 직원이나 고객에게 위안이 되며 또한 기업이 인류학적 지향점이 깊고 기원이 있음을 보여주지 않을까.

애니미즘은 문학작품, 상징 등에도 자주 활용되는데 '00 요정' 워딩 파워를 주목할 필요가 있다. 요정[11]의 기원은 자연의

---

11 Fairy. 운명이나 신탁을 뜻하는 후기 라틴어 'Fatum'과 그 동사형이자 마법을 건

힘을 의인화한 것, 태고의 신들이 작아진 것, 멸망한 옛날 종족의 기억과 죽은 자의 영혼, 타락한 천사 등이 있다. 요정은 철, 햇빛, 교회나 하느님처럼 신성한 것을 싫어하고 달밤, 고요함, 노래나 음악, 승마 등을 좋아한다. 인간보다 작으며 나체이거나 보호색으로 된 옷을 입고 있고, 아름다운 모습인 것이 일반적인 요정의 모습이다. 요정을 워딩 파워에 쓴 국민 요정, 반지의 요정, 램프의 요정, 요정 같은 아내 등은 신비한 느낌이 난다. 요정과 비슷한 용어는 정령, 원령 등인데 미야자키 하야오 감독의 애니메이션 「원령 공주」의 일본 이름은 '모노노케 히메(괴상한 여자)'로 한국에서 번역한 원령 공주처럼 신비롭지는 않다.

토테미즘

중국 화웨이의 기업 문화는 늑대 문화이다. 치열함과 팀워크를 강조하기 위해서다. 이는 토테미즘(Totemism)의 강력한 흔적이다. 프로야구 팀 이름은 대부분 베어즈, 타이거, 이글스 등 맹수들 이름이니 역시 현대판 토테미즘이다. 골프에서 언더 파를

다는 뜻의 'Fatare'에서 파생했다.

뜻하는 버디, 이글, 앨버트로스도 다 새에서 왔다.

원래 토템이라는 말은 북아메리카 인디언인 오지브와족(族)이 어떤 종류의 동물이나 식물을 신성시하여 자신이 속한 집단과 특수한 관계가 있다고 믿고 독수리·수달·곰·메기, 떡갈나무 등을 집단의 상징으로 삼은 데서 유래한다. 토테미즘은 인류 초기인 기원의 시대에 나타나는 일종의 믿음이며 이것은 오랜 시간이 흐른 지금까지 통한다.

워딩 파워로 쓸 토템은 강하고 속담에 자주 나오고(속담에 자주 나온다는 것은 과거에 번성하여 인간과 자주 생존패권을 겨뤘다는 뜻) 성격이 분명할수록 좋다. 늑대, 곰, 소, 호랑이, 사자, 여우, 뱀, 독수리 등이 그런 맹수들이다. 늑대인간, 곰 같은 추진, 소처럼 일하는 직원 등은 신뢰의 표현이다. 브랜드 이름에도 맹수 이름은 많이 들어간다. 그러면 강력한 워딩 파워를 얻을 수 있다. 슈퍼카 람보르기니는 브랜드 이름이 미우라, 가야르도, 무르시엘라고 등 전설적 투우들이다. 카페인이 다량 함유되었음에도 극단적 모험주의의 대명사가 된 에너지 음료 레드불은 토템 덕분에 이미지가 매우 강하게 느껴진다. 돈과 관련해서도 토테미즘 요소는 반영되어 있다. 미국 주식시장에서 황소(Bull)는 상승 국면을, 곰(Bear)은 하락 국면을 말한다. 월스트리트에는 황소 동상이 명소로 되어있다. 근데 우리 여의도에는 무슨 상징이 있는지 가물가물하다.

만일 이 토테미즘에 애니미즘을 섞으면 어떻게 될까? 다음의 가사를 보자.

> 달을 보고 우는 늑대 울음소리는
> 뭘 말하려는 건지 아나요
> 그 한적 깊은 산속 숲 소리와
> 바람의 빛깔이 뭔지 아나요

애니미즘과 토테미즘을 합쳐놓은 듯한 이 신비로운 가사는 애니메이션 「포카혼타스」에 나오는 「바람의 빛깔(Colors of the Wind)」 중 일부다.

우주와 생명에 대한 기원을 활용한 워딩 파워

우주와 생명에 대한 기원은 별, 원소, 지질과 광물 등 생명 이전에 관한 기억들이다. 과학이 발달하고 풍요를 바탕으로 한 인간의 의식이 더 확장되면서 아주 먼 기원을 찾아 떠나는 탐사가 계속 늘고 있다. 영화 「인터스텔라」는 10차원 우주이론에 대한 지식이 필요함에도 불구하고 흥행에 성공했다. 베르나르 베르베르의 최근 소설들은 우주, 신, 인간, 지구 등의 아주 먼 기원을 상상으로 다루는데 대중적으로도 인기다. 리처드 도킨스의 『이기적 유전자』는 진화생물학 언어로 생명의 아주 먼 기원 즉, 유전자 조종 이론을 주장하여 세계적으로 센세이션을 일으켰다. 종교인들이 분노했으며 유럽의 어떤 여자아이는 이 이론을 듣고 "그럼 우리는 의지가 없이 단순히 유전자의 숙주인 건가요?" 하며 울었을 정도다. 여행 작가 빌 브라이슨은 아주 먼 기원에 대한 궁금증으로 천문, 생물, 지리, 화석 등에 대해 독자적으로 공부하고 이를 정리한 『거의 모든 것의 역사』를 썼다.

혁신적인 기업은 아주 먼 기원에 대한 동경을 영리하게 상품화한다. 나는 여러 해 전 브루스 채트윈의 여행 문학 『파타고니아』를 읽다가 동명의 의류회사 파타고니아를 우연히 알게 되었다. 파타고니아(Patagonia)는 칠레의 푸에르토몬트와 아르헨티나의 콜로라도 강을 잇는 남위 40도 이남 지역을 말한다. 전체 면적이 한반도의 다섯 배 정도지만 인구는 고작 200만 명 미만이다. 명칭은 1520년 마젤란의 원정 당시 원주민들 신장이 자신들보다 평균 20센티미터 이상 커서 당시 스페인 소설에 나오는 거인(Patagón)이름을 따서 붙였다고 한다. 파타고니아는 황량

하고 거친 지역으로 셰익스피어가 유배와 폭풍을 다룬 『템페스트』의 영감을 얻은 곳이며 조나단 스위프트에게는 거인국의 모델을 제공했던 땅이다. 이곳에서는 공룡의 뼈가 발견된다고 하니 인간보다 훨씬 전의 지질학적 기원이 있다. 의류회사 파타고니아의 창업주 이본 쉬나드는 그런 오랜 기원을 품은 지명을 회사 이름으로 하여 환경과 기원의 보존에 대한 자신의 의지를 밝힌 셈이다. 단순히 알프스 산맥의 북면을 표현한 경쟁 브랜드 노스페이스와 비교해보면 그의 장기적 비전을 알 수 있다.

아주 오래전 기원은 역시 우주, 별이 대표적이다. 한국의 제과업체 오리온은 그리스 신화에 나오는 거인 미남 사냥꾼으로, 별이 된 신화 속 인물에서 따온 이름이다. 오리온은 누구나 알기에 해외로 진출하는 데도 이점이 있다. 미국 테슬라의 '스페이스-X', 영국 버진 그룹의 '갤럭틱 프로젝트' 그리고 삼성의 스마트폰 시리즈인 '갤럭시'는 맥을 잘 잡은 워딩 파워 사례다. 스페이스는 우주, 공간이란 뜻이고 X는 X세대에서 쓰이듯 정의할 수 없다는 뜻이면서 동시에 크리스마스를 줄여서 Xmas라고 하듯 그리스어의 그리스도(크리스토스 XPIΣTOΣ)의 첫 글자이기도 하다.

한화호텔앤드리조트는 주력 사업인 수족관에 '아쿠아플라넷'이란 이름을 사용한다. 아쿠아(Aqua)는 물이란 뜻이고 플라넷(Planet)은 행성, 특히 환경과 관련된 지구를 뜻하는 말이니 이 역시 물에서 사는 생물들의 아주 먼 기원을 연상시키는 워딩 파워 사례다.

토니 휠러와 그의 아내 모린 휠러가 1972년 힘겹게 세계 여행을 한 경험을 담아서 직접 책을 펴내기로 했는데 출판사 이름이 떠오르지 않았다. 그들 부부는 이런 일과는 거리가 먼 히피들이었던 것이다. 작은 식당에서 스파게티를 먹으며 출판사의 이름을 짜내던 토니는 문득 영국 소울의 대부 가수인 조 코커의 「Space Captain」이라는 노래를 흥얼거리기 시작했다. "언젠가 하늘을 건널 때, 이 외로운 행성이 내 눈을 붙잡네." 그러나 그가 '외로운 행성(Lonely Planet)'이라고 부른 부분은 사실 알파벳 한 글자만 다른 '사랑스러운 행성(Lovely Planet)'이었다. 아내 모린이 가사가 틀렸다고 지적했다. 하지만 토니 휠러는 어쩐지 '외로운 행성'이 더 매력적이며 오래 기억될 거라는 생각이 들었다. 돈도 몇 푼 없이 세계를 여행하던 그들 히피 부부에게 지구는 외로웠을 것이다. 그래서 나온 이름이 '론리 플래닛'이다. 론리 플래닛은 세계를 외롭게 여행하는 여행자들의 마음을 대변하는 워딩 파워가 되었다. 론리 플래닛은 세계에서 가장 큰 여행안내서 출판사로 자리매김했으며, 이 출판사의 책은 저예산 배낭 여행자들에게 인기가 높다.

이들 아주 먼 기원은 우리가 입주해 살고 있는 지구와 우주 그리고 그곳에 살고 있는 하나의 생명조차 어마어마한 인연과 우연, 협업의 결과임을 깨닫게 하여 인간에게 위안과 고결한 책임감을 준다.

워딩 파워에
엔진 달기

당신은 지금 목이 마르다. 힘들여서 새로운 우물을 파겠는가 아니면 조금만 가면 있는 우물물을 마시겠는가. 새로운 것을 만들려고 하지 말고 옆에 있는 우물을 이용하라. 그 우물이 워딩 파워에서는 바로 테마다.

테마는 수천 년 동안 인간들이 만들어온 특수 주제들이다. 그래서 TV 드라마와 문학작품 등에서 작가가 전달하는 사상이나 철학 등의 주요 이야깃거리로 활용된다. 사랑, 구원, 복수, 여행, 신, 신데렐라 같은 여자, 불쌍한 어머니, 애착, 분노, 신비 등등 테마는 넘쳐난다. 테마는 추상적이거나 체계적인 이론보다는 구체적이며 일상적이다. 테마는 창작에 무수한 영감을 주며 워딩 파워를 키우는 데에도 영감을 준다.

요즘 아이웨어 업계에 무섭게 두각을 나타내고 있는 젠틀 몬스터의 테마는 당연히 '미녀와 야수' 계보를 잇는 몬스터이다. 닌텐도의 포켓몬스터는 물론이고 심지어 떡볶이 회사인 죠스떡볶이도 몬스터 테마를 활용해서 관심을 끌고 있다. 상징만 그런 것은 아니다. 맛 또한 죠스의 성깔처럼 칼칼하게 맵다. 그런데 죠스는 단순히 괴수 테마만은 아니라는 점에 유의할 필요가 있다. 죠스떡볶이는 한국인 성인 여성이 벌릴 수 있는 입의 가로 길이가 4.5센티미터라는 점을 착안해 3.5센티미터 떡볶이 제품을 내놓았다. 즉 한입에 먹기 좋은 떡볶이 크기로 만든 것이다. 별것 아니지만 이것이 그들의 디테일 능력과 스토리 창출 능력을 보여준다.

인간을 사로잡는 테마들

미국 몬타나주립대학교의 로널드 B. 토비어스 교수는 고전 속의 이야기들의 배열을 분석해 '인간을 사로잡는 이야기의 플롯 - 20가지 패턴'을 소개했다. 이에 따라 모험의 나라, 사랑의 나라, 성공의 나라, 가정의 나라라는 이야기 지도가 그려진다.

다음은 그 20가지 플롯들이다.

> **영웅, 추적, 구출, 탈출, 음모와 복수, 수수께끼, 재앙, 게임, 라이벌, 순수한 사랑, 금지된 사랑, 희생적 사랑, 구원적 사랑, 희생자, 역전, 실패, 변모와 변신, 갈등과 화해, 성장**

이 플롯들은 물론 단일하게 하나만 적용되지는 않는다. 여러 가지가 같이 적용돼서 복잡한 플롯의 이야기를 만드는 것이다. 이 테마를 골목상권이나 재래시장에 적용하면 좋을 듯싶다. 예를 들어 서울 통인동 서촌에 '사랑으로의 여행'이라는 테마를 적용해보는 것이다. 서촌은 조선 시대에 중인과 궁녀들이 많이 살던 곳으로 은밀한 사랑 이야기가 있었을 법하다. 신사동 가로수길에는 '가로세로 수수께끼' 타운을 만들면 어떨까 싶다. 그 길은 미로처럼 얽혀있으니 수수께끼 테마를 적용해보면 호응이 좋을 것이다. 간판, 식당 레시피들도 그 테마에 맞게 만들고 거리엔 안내판이나 설치물들이 볼거리, 읽을거리를 제공해 준다면 많은 사람의 관심을 불러일으킬 것이다.

테마 관점에서 보면 애플이나 구글은 구원적(?) 사랑 테마를 추구하는 것으로 보여진다. 왜냐하면 두 기업은 각각 지구를 스마트한 UX와 지식 공유로 구하겠다고 표방하고 있으니까. 여기에 욕구 불만의 화신 스티브 잡스는 영웅 테마를 가미했다. 애플에 다시 복귀했을 때 그는 제품을 파는 것만으로는 안 되고 세상을 바꾸는 것에 목표를 두어야 한다고 말했다.

파타고니아의 최고 경영자 이븐 쉬나드는 구원적 사랑과 희생적 사랑을 보여준다. 그래서 그는 100년 뒤를 생각하는 결재를 하고 자사의 재킷을 사지 말고 중고품을 쓰라는 파격적인 제안까지 한다. 이처럼 적극적으로 테마를 표현하는 기업은 사람들의 마음을 움직인다.

이들 테마(플롯)에 존엄, 자유, 아름다움, 상상, 의식, 편(장난), 행복, 꿈 등 정신적이고 문화적인 테마부터 다소 기술적인 테마인 문자, 커뮤니케이션, 레저, 놀이, 발효, 저장, 연금술, 한방(漢方) 등을 추가하면 기업이 선택할 테마는 훨씬 더 풍부해진다. 다양한 테마들을 연구함으로써 기업은 얼마든지 독창적인 비즈니스와 독특한 가치를 만들 수 있다.

위니아 딤채는 발효과학 연구소를 만들어 수시로 이를 홍보하며 자신들이 발효에는 최고 전문가임을 내세운다. 삼성이나 LG 같은 대기업도 이런 테마 선점에는 당해내기가 어렵다. 리바이스는 청바지를 팔지만 중개자로 자유 테마를 활용한다. 광고 카피도 '움직임의 자유(Free to Move)'를 강조하며 검색을 해보면 자유 관련 언어가 대단히 많다. 관련 인물들도 한 시대를 자유롭게 살았던 제임스 딘, 마릴린 먼로, 스티브 잡스 등이다.

시세이도는 1872년에 설립된 일본에서 가장 오래된 화장품 브랜드이다. 브랜드 이름은 중국『역경』에 나오는 '지재곤원 만물자생 내순승천(至哉坤元 萬物資生 乃順承天, 대지의 덕에 의해 모든 사물은 생성된다)'에 나오는 '자생'의 일본식 발음(SHI SEI)에서 유래했다. 시세이도는 '만물의 생성 근원인 자연에서 새로운 가치를 창조, 개발하여 인간을 아름다움의 세계로 인도한다'를 기업 철학으로 삼고 있다. 스스로 생육하는 자연이 테마인 것이다.

1등은 이야기를 가지고 있다

1등만 기억한다는 1등의 법칙에 따른다면, 글로벌 고객들은 특정 테마가 있는 기업과 브랜드를 더 잘 기억할 가능성이 높다. 기억은 이루 말할 수 없는 기업의 무형 자산이다. 기원의 기억을 가진다는 것은 소의 귀를 잡은 것과 같다. 그러니 글로벌 기업이 테마의 기원이 되는 것은 상징성 확보와 비즈니스의 지속 가능성을 위한 필수사항이다.

현재 구글은 검색 테마, 애플은 UX 테마, 레고는 블록놀이 테마, 이케아는 DIY 테마, 위키피디아는 집단지성 테마, 리바이스는 자유 테마, 캘빈클라인은 섹시 테마, 픽사는 3D 애니메이션 테마, 소니는 안드로이드 로봇 테마, 스타크래프트의 블리자드는 실시간 전략(RTS) 게임의 테마, 알파고를 만든 딥마인드는 인공지능(AI) 테마의 기원이 되려고 한다. 이들은 대표 테마를 중심으로 워딩 파워를 만들어낸다.

일례로 놀이 테마의 선두 주자인 레고를 보자. 1932년 아이들 나무 장난감을 만들기 시작했을 때 올레 키르크 크리스티안센은 작은 덴마크 마을의 목수였다. 경제 공황 상태였던 그 당시 목수로서 일감을 찾기 힘들었던 크리스티안센은 정교한 장난감들을 제작하여 많은 인기를 얻었다. 1934년 크리스티안센은 정식으로 회사를 설립한 후 회사의 이름을 '잘 논다(Leg Godt)'란 의미의 덴마크어를 줄여 레고(Lego)라고 지었다. 1947년 레고는 덴마크에서 최초로 플라스틱 사출 성형 기계를 구입하여 플라스틱 장난감을 집중적으로 생산하기 시작했으며, 1951년경 플라스틱 장난감은 회사 매출의 절반을 차지하였다. 레고는 1949년 영국의 블록완구 키디크래프트 셀프록킹 브릭스(Kiddicraft Self-Locking Bricks)를 라이센싱하여 플라스틱 조립식 블록을 만들었다. 그러나 나무 장난감에 익숙한 소비자들의 외면으로 판매율은 저조했다. 1958년경에 이르러서야 각 면 아래쪽에 홈이 있는 직사각형 블록으로 진화하였다. 진화된 블록은 스터드(Stud)와 브릭 내부의 원형 기둥을 통해 조립되어 여러 개 쌓아도 구조적인 안정성을 유지할 수 있었다. 이렇게 해서 전설적인 장난감이 탄생했다.

레고는 이제 다음 같은 워딩 파워를 자연스럽게 만들어낸다. "장난감을 조립하는 행위를 통해 아이들은 창의적이고 실험적이며 탐험적으로 성장하게 된다." 아이들은 레고 아티스트가 되고 레고 아이디어즈에 아이디어를 내며 레고 시티를 찾으면서 '잘 노는(Play Well)' 체험을 한다.

응용하기 쉬운 언어 테마들

우리가 익히 쓰는 언어 자체에도 이미 테마가 담겨있는 경우가 많으니 이를 활용하면 효과적일 것이다. 많은 사람들이 그 언어를 들으면 어느 정도 심상을 떠올리기 때문이다. 이에 비해 새로 만드는 것은 어렵다. 롤프 옌센의 저서 『드림 소사이어티』가 제안하는 것처럼 이미 있는 것, 기억된 것을 활용하는 것은 효과적이며 또한 아름답다. 한자, 그리스어 또는 라틴어, 영어, 한글 등의 언어, 그중에서도 관용구, 접사, 대표 상징, 대비적 언어, 긍정적 단어 등의 의미를 알아두는 것은 그래서 중요하다. 그들 안에는 이미 스토리가 내장되어 있는 경우가 많기 때문이다.

일례로 '호모(Homo)'는 그리스어에서 사용되던 접두어로서 '닮았다'는 뜻이며 '헤테로(hetero)'와 대비되는 말이다. 때문에 현재까지도 유럽 계열의 언어군에서 '호모'로 시작되는 단어는 '같은'이라는 뜻을 포함하고 있는 경우가 많다. 그런데 여기에 다른 의미를 연결시키면 훌륭한 워딩 파워가 나온다. 호모 사피엔스(지혜가 있는 사람)부터 호모 파베르(Faber, 도구를 사용하는 인간), 호모 루덴스(Ludens, 유희적 인간), 호모 모랄리스(Moralis, 도덕적 인간) 등이 그렇게 나왔다. 이때 호모 사피엔스라는 '사피엔스로 닮은 종'의 뜻이다. 이런 식으로 알아두면 좋은 단어와 문자(상징, 관용구 포함)들은 매우 다양하다.

- Homo, Hetero, 아담과 이브, 알파와 오메가
- Mondes Axis, X, K, N, 세계를 움직인 다섯 개의 사과
- 마이크로&매크로, Counter, Hub, Mom, Innovative, 버전, Reality, 메타, 코드
- 중국 사자성어와 고사성어, 설문해자
- 한(큰), -아리/아지(작은 것, 새끼를 나타냄), 개-(멸시), 우리(울타리, We)

- 망치와 못, 땅과 바다, 독서와 여행, 깊다와 넓다, 부드럽
  다와 날카롭다, 처음과 끝
- 길, 문, 하늘, 열쇠, 빛, 행운, 어머니

극히 일부 예만 적었지만 당장 이들만 해도 굉장한 응용력을
보이는 워딩 파워의 소재들이다.

기호나 상징의 예인 X는 언제나 강력하다. X세대, X파일, X
프로젝트, X맨 등은 신비하고 권능을 나타내는 상징적 의미
가 있다. K는 영어 알파벳이지만 이제는 한국을 나타내는 말
로 바뀌어버린 것 같다. 최소한 한류를 인정하는 곳이라면 그
렇다. K-Wave, K-Pop부터 K-Style, K-Con(CJ가 미국에서 벌이
는 문화 페스티벌), K-Food, K-Day까지 활용 범위가 매우 넓다.
선비라는 말을 제대로 표현하기 어렵다면 유럽의 신사를 끌어
와서 '선비=K-Gentleman'이라고 하면 더 이해하기 쉬울 것이
다. 내 지인은 태국의 방콕에서 삼겹살 식당을 열었는데 이름이
K-Barbecue였다. 그의 가게는 초반부터 인기를 끌어 단숨에 3
호점까지 열었다. K가 어느새 워딩 파워 자산이 된 것이다.

다음으로 영어에서 자주 쓰는 '코드(Code)'라는 말은 한마
디로 부호이며, 기호의 계열을 다른 기호 계열로 표현할 때의
약속, 또는 그 기호 계열을 말한다. 일상에서는 숨겨진 표시라

고 보아도 무방하다. 코드 인사, 드레스 코드, 걸그룹의 섹시 코드, 소설과 영화에서는 다빈치 코드, 문화 전략 이론에서는 컬처 코드 등 곳곳에서 사용된다. 코드에는 비밀스러움과 배타적이라는 뜻이 있다. 그런데 코드에 쉐어(Share) 같은 말이 붙으면 매우 좋은 의미를 가지게 된다. 항공에서 두 개의 항공사가 항공기를 공동으로 운항하는 방식을 코드 쉐어라고 하는데 그렇다면 두 개 이상의 회사가 하나의 브랜드 또는 프로젝트를 추진하는 코드 쉐어 마케팅, 코드 쉐어 서비스란 새로운 방식도 나올 수 있을 것이다.

활(弓)은 동이족 후예인 한국과 떼려 해도 뗄 수 없는 신물이다. '홍익인간'의 '홍(弘)'은 크다, 넓다, 널리라는 뜻을 가지는데 같은 뜻을 가진 한자로 광(廣), 홍(洪, 宏), 굉(轟), 대(大) 등이 있다. 그런데 왜 하필 홍익인간에서는 이 한자를 썼을까? 글자 해석을 찾아보면 弘은 '뜻을 나타내는 활(弓)과 음을 나타내는 宏(굉)의 생략형인 마늘모(厶) 부(部)로 이루어졌다. 이 글자를 사전에서 찾아보면 활시위 소리, 또한 宏(굉)에 통하여, 넓다, 크다의 뜻으로 쓰임'이라고 나와있다. 활을 세게 당길 때 나는 소리이므로 크고, 그 소리가 널리 퍼진다는 뜻이다. 이러면 홍익인간의 홍이 과거 광활한 흑룡강 일대와 베이징 이북, 만주 연해주와 북몽고 지역을 달리며 살던 기마민족으로서 활을 많이 썼던 동이족의 정체성이 담긴 문자임을 알게 된다. 동이의 이(夷)도 큰 활을 쓰는 종족이라는 뜻이다. 이를 알면 우리는 활과 관계된 '홍(弘)'의 워딩 파워를 비로소 다음처럼 쓸 수 있게 된다.

- 한국 양궁이 세계적인 이유는 원래 홍(弘)의 민족이기 때문이다
- K기업은 홍의 비즈니스를 한다. 그들의 비전은 넓고 그들이 내는 비전의 소리는 크게 울린다

다음은 '대비 테마'의 워딩 파워 방법을 보자. 해와 달의 기운을 안고 남과 여로 태어난 인간은 기본적으로 둘로 나눠 이원화시키는 버릇이 있다. 물과 불, 산과 바다, 하늘과 땅, 천사와 악마, 시작과 끝과 같은 식으로 말이다. 이것은 단순히 상징적인 문제가 아니었다. 원시 시대에 좌우, 상하를 구분하지 않으면 먼 거리를 이동할 때 방향성이 상실되므로 이것은 생존과도 관계되는 문제였다. 그래서 그 사고 구조를 자연스럽게 가져오되 반전을 주면 기억 효과와 충격 효과가 올라간다. 마크 트웨인의 명언 "망치를 들면 다 못으로 보이기 마련이다"나 성서의 욥기 8장 7절에 나오는 "시작은 미약하였으나 끝은 심히

창대하리라", "남자는 언제나 이 여자가 첫 번째 여자이기를 바라지만, 여자는 이 남자가 마지막 남자이기를 바란다" 같은 대비와 반전 워딩 파워들은 언제나 강력하다.

긍정의 소재로 메시지를 만드는 것도 워딩 파워에 효과적이다. "길을 만드는 사람이 리더다", "창문을 열어다오", "행복의 열쇠" 등은 사람들에게 긍정적 에너지를 준다. 밥 딜런의 노래 「천국의 문을 두드리며(Knockin' On Heaven's Door)」는 전쟁에 반대한다는 메시지를 전하는데 참혹함과 분노 대신 긍정적인 이미지의 하늘(천국)과 문, 어머니, 두드림을 동원함으로써 대중의 관심을 촉발시키고 영혼이 고양되는 효과를 거뒀다. 그래서 그는 가수를 넘어 시인이며 철학적인 반전 운동가의 반열에 올라섰다.

집, 거리에도 존재하는 워딩 파워

요즘 거리 브랜딩이 뜨고 있다. 이태원 경리단길, 북촌 한옥마을과 서촌 통인동 시장 거리, 가로수길 등등. 이런 거리들에 가면 식당 이름부터 주요 시설 간판까지 독특한 워딩 파워들이 자리한다.

광화문은 출판 예술단지가 아니다. 사실은 교통이 혼잡하고 시위 문화가 더 많은 곳이다. 그러나 책과 예술의 냄새가 훌륭하게 거리를 채우고 있다. 워딩 파워 덕분이다. 교보문고는 한 달에 한 번 글판 광고를 교체한다. 교보문고 옆에는 거대한 돌에 창업자 신용호 회장의 명언인 "사람은 책을 만들고 책은 사람을 만든다"가 새겨져 있다. 동아일보는 예술 전시 광고를 수시로 게시하고 서울시도 시청 앞에 글판 광고를 시작했다. 이들의 워딩 파워가 그 거리를 책과 예술의 거리로 만드는 것이다.

워딩 파워는 돈이 별로 들지 않으면서 거리 문화와 향기를 바꿀 수 있는 유용한 자산이다. 조선 시대에는 선비 집의 정자뿐만 아니라 기둥 등에도 시나 경구들을 적어서 붙였다. 그래서 흥선대원군이 살던 운현궁을 가보면 집의 격조와 풍취 그리고 집 주인이 지향하는 바를 한눈에 알 수 있다.

그러나 요즘에는 특별한 워딩 파워를 지닌 집과 장소를 찾아보기 힘들다. 이태원 길은 영어, 한국어, 일본어, 중국어 간판들이 다닥다닥 거리를 메우고 있다. 원래 이태원은 분명히 테마가 있던 거리였다. 그것도 슬픈 역사를 지닌 곳이었다. 이태원이란 이름은 옛 기록에는 배나무가 많은 역참을 뜻하던 이태원(梨泰院) 외에도 이태원(李泰院), 이태원(異胎院) 등이 있었다.

이 중 마지막 이태원이란 이름은 역사적인 비극을 간직한 말이다. 도대체 '태(胎)가 다른' 원이란 무슨 뜻일까? 임진왜란때 왜구들에게 겁탈당해 아이를 낳은 여자들이 모여 살 수밖에 없었던 아픔을 간직한 곳이다. 그러나 현재 이태원 어디에도 그 역사를 드러내는 워딩 파워는 없다.

신당동 떡볶이 거리를 가도 다른 가게를 압도하기 위한 거대한 간판만 있지 워딩 파워는 없다. 떡볶이가 김치, 비빔밥, 불고기 등과 함께 한식 세계화의 핵심 아이템으로 꼽히는 것을 감안하면 안타깝다. 만일 문인이나 카피라이터들을 불러서 신당동 떡볶이에 대한 시구들을 거리 곳곳에 내건다면 어떨까. "미국에 햄버거가 있고 이탈리아에 파스타가 있다면 한국에는 떡볶이가 있다", "카이스트여! 융합을 알고 싶다면 떡볶이부터 연구하라" 등뿐만 아니라 곳곳에 '떡볶이 문화연구소', '떡볶이 요리로 만나는 가족 행복 리셋 센터' 등의 워딩 파워가 있다면 간식 수준인 떡볶이 위상이 확 달라지지 않겠는가.

앞으로는 글을 쓰거나 헤드라인을 뽑을 때 또는 피치를 구사할 때 가능한 한 테마를 먼저 염두에 두고 말하는 습관을 키우면 사람의 마음을 움직이는 효과가 클 것이다.

자, 이제 우리는 앞에서 익힌 테마 공부를 통해 다음과 같은 문장을 쉽게 구사할 수 있을 것이다.

- 나는 오늘 여러분에게 복수에 대하여 말하고자 합니다
- 사랑 한 다발 선물하세요
- 사람에서 사람에게 가는 길, 그 길이 우리를 살립니다
- 희망이 없다면 그것은 등대 없는 바다
- 죽어 영웅이 되는 길과 살아 노예가 되는 길
- 체리 피커는 영리한 사람, 그러나 이노베이터는 바보

5

어원과
오리진 스토리

2016년 밀양에서 도시 브랜딩을 한 적이 있었다. 시민 의식 조사를 해보니 송강호, 전도연 주연의 2007년 영화 「밀양」에 대해서 은근히 불만이 많았다. 국제 영화제에서 수상한 수작인데 왜 그럴까? 영화에서 밀양을 어린이 유괴 살인범과 광신 문화 등 부정적으로 묘사한 탓이었다. 그것은 단적으로 밀양의 영어 이름 '시크릿 선샤인(Secret Sunshine, 비밀의 태양)'에서도 암시된다. 영화는 밀양의 '밀(密)'을 비밀로 풀이했다. 그러나 이것은 틀렸다. 여기서 밀은 해가 꽉 들어찬 '선더풀(Sun the Full)'의 의미다. 신라 시대부터 이어져온 밀양의 지명 어원도 그렇고 기후, 넉넉한 인심도 비밀보다는 해가 꽉 찬이 맞다. 그래서 나는 최종적으로 '해맑은 상상 – 밀양'이라는 슬로건을 제안했다.

2016년 나홍진 감독 영화 「곡성」도 그랬다. 영화에서는 지명을 한자로 곡소리를 뜻하는 '곡성(哭聲)'이라고 썼는데 이 역시 불길한 스릴러 영화였다. 영화는 흥행에 성공했지만 곡성 군수가 나서서 해명을 해야 할 정도로 지명으로서의 곡성(谷城)을 심하게 왜곡시킨 사례다. 곡성은 골짜기를 둘러싸고 성을 지었다는 뜻이다. 그곳이 궁금한 사람들이 곡성을 많이 찾았다고는 하지만 이런 왜곡은 꽤 오래간다. 그래서 언어의 뜻, 기원은 소중하게 간직되어야 한다. 또한 어원에는 뜻밖의 보물들이 많다.

어원을 캐는 습관을 들여라

나는 기업이나 공무원, 대학(원)생 등을 대상으로 강의할 때면 용어의 어원, 사례의 시초, 상징과 신화의 기원 등을 곧잘 말해주는 편이다. 의외로 사람들은 어원에 대해 무지한데 흔히 부지불식간에 "불초 소생이 불민하여" 등으로 쓰는 불초(不肖)의 '초'는 '(몸집 등이) 닮았다'는 뜻이다. 그러니 불초는 닮지 않았다는 뜻이고 아들이 아버지를 닮지 못해서 죄송하다는 뜻이다. 이것은 순임금이 요임금에게 왕 자리를 물려받았을 때 쓴 말이라고 전해온다. 순은 요의 친자가 아니었다. 불초라는 말 하나에만도 이렇게 엄청난 뜻과 역사가 있으니, 광부가 광산을 캐듯 공부하는 사람은 어원을 캐야 한다.

나는 글을 쓰거나 아이디어가 떠오르지 않을 때 어원을 알 아본다. 그럼 뜻밖의 힌트를 찾게 되곤 한다. 밀양 도시 브랜딩 을 할 때도 일단 어원 조사부터 했다. 밀양의 밀을 '미르(용의 고 어)'나 '물'에서 기원한 것으로 보는 사람도 있었지만 그것은 근 거가 약했다. 밀의 기원은 '해가 빽빽한'이었다.

한자는 비교적 어원을 캐기가 수월하다. 인터넷 사전에서 찾 고 싶은 한자를 검색하면 제자 원리가 나온다. 예를 들어 '好 (호)' 자는 여자(엄마)가 자식을 사랑하는 마음, 좋아하는 마음의 상태라는 뜻이다. 나는 실제로 이 기능에서 많은 도움을 얻었 다. 여기서 만족하지 못할 경우는 큰 맘 먹고 『설문해자(說文解 字)』[12]를 보면 좀 더 깊이 알 수 있다. 그것으로도 안 되면 상형 원리 또는 당시 사회적 상황이나 소통 수단 등 상상력을 동원 해야 한다.

예를 들어 집을 나타내는 '家(가)'와 '宅(택)' 자를 보도록 하

---

12 후한 때 경학자 허신이 서기 100년부터 시작하여 약 22년에 걸쳐 완성. 한자를 부 수에 따라 분류하여 배열한 중국의 가장 오래된 자서이다.

자. 두 한자 모두에 쓰인 갓머리(宀)는 집을 나타내는 부수이다. 그런데 갓머리 안에 들어있는 기호가 좀 다르다. 家에는 '돼지 시(豕)'가 들어있고 宅에는 부탁이나 풀잎을 뜻하는 '탁(乇)' 자가 들어있다. 김진명의 소설 『글자전쟁』에서는 家를 고대 동이 족들이 밑에는 뱀도 막고 고기도 얻을 겸 돼지를 키우고 그 위에 귀틀집을 지어 살던 것을 묘사한 글자라고 풀이한다. 한자 사전에도 그렇게 나와있다.

그런데 더 깊이 들어가야 한다. 家는 왜 오늘날 일가를 이루거나 가문을 뜻하는 글자로 쓰였을까? 이는 당시 원시사회 문화와 관련이 있을 것이다. 귀틀집을 짓고 밑에 돼지를 키울 정도면 부족 중에서도 고귀한 권력자 집이 아니었을까.

반면 宅은 보통 사람이 의지하여 사는 구덩이나 집의 뜻이라고 하여 '의지하여'라는 말에 방점이 찍힌다. 그래서 안성댁(宅), 평양댁(宅) 같은 말과 죽어서도 의지하는 공간으로서 무덤이라는 뜻까지 나왔을 것이다. 여기서 또 의문이 생기는 사람도 있을 것이다. 乇에 대해서이다. 한자사전을 보면 이 한자에는 '부탁하다, 건네다, 풀잎'이라는 뜻이 동시에 있다. 풀잎이 왜부탁한다나 건넨다와 같이 쓰이는 걸까. 이때 상상력이 필요하다. 전달 수단이 딱히 없던 고대 사람들은 혹시 무언가 전할 말이 있을 때 풀잎을 쓰지 않았을까. 지금도 원시 부족들이 사냥이나 의사표현 때 풀잎 등을 썼던 흔적이 발견되고는 하니 턱없이 근거 없는 추측은 아니다. 이렇게 어원을 캐는 것이 습관이 되면 말하기나 글쓰기에서 훌륭한 발상을 확보할 수 있다.

"고맙습니다"와 '뱅크'의 황당한 어원

국어사전을 찾아보면 어원에 대한 많은 정보를 알 수 있다. 때로는 굉장히 신기한 내용을 알게 되기도 하는데 그러면 마치 산삼을 캔 것처럼 흐뭇하다.

예를 들어 단군신화와 관련한 태백, 박달, 웅녀 등은 저마다 어원을 지니고 있다. 태백의 '백'은 밝다는 뜻과 이어지며 박달은 박달나무가 아니라 햇빛이 비치는 밝은 땅을 의미한다. 여기서 배달이라는 말이 나왔고, 한민족을 상징하는 '배달의 민족'은 밝은 땅의 민족이라는 뜻이므로 자부심을 가져도 좋겠다. 웅녀의 곰은 곰의 고어인 '고마'와 이어지면서 고마가 단순한 곰이 아니라 곰의 형상을 한 신을 일컫는 의미로도 쓰였음을 알게 된다. 두산백과엔 다음과 같이 해설되고 있다.

고마는 상(上)·대(大)·신(神)을 뜻하는 고어인 감·검·금, 일본

어의 カミ(가미)・カム(가무) 그리고 곰・신을 뜻하는 아이누어의 'Kamui' 등과 모두 비슷한 뜻의 말로 곰에서 유래하였다. 곰의 고어는 고마로 북방민족에서 흔히 볼 수 있는 토테미즘에서 비롯되었다. 고구려에서 유래한 나라인 백제의 고마나루(熊津)・고마성(固麻城, 熊津城)도 역시 같은 사상에서 나온 것이다. 중국 서책에서는 한민족을 맥・예맥・개마라고 불렀고, 일본에서는 고려・고구려를 コマ(고마)라고 하였다.

한 잡지의 연재 칼럼인 「유지원(타이포그래피 연구자)의 글자 풍경」에 따르면 글과 그림, 영어의 그래픽, 사진의 포토그래피, 한자의 '印(인)'과 '刻(각)'은 서로 연결된 말이다. 글과 그림은 '긁다'에서 온 것이다. 땅과 나무, 돌에 긁어서 문양을 만든 것이 글(文, 원래 무늬라는 뜻)이 되고 그림이 된 것이다. 긁으면 새겨져 흔적이 남는다. 이의 라틴어가 그라피아(-graphia)이다. 포토그래피는 그래서 빛(photo-)으로 새긴 흔적(graphy)이라는 뜻이다. 한자로 인과 각은 찍거나 새긴다는 뜻이다. 세종대왕이 지은 노래책 『월인천강지곡』의 제목은 '달(月)이 천 개의 강(千江)에 새겨졌다(印)'는 뜻으로, 달은 높은 곳에 떠있는 부처님 말씀이고 천 개의 강은 백성이다. 고로 부처님 말씀이 대중에게 새겨지는 노래라는 것이다.

이렇게 글과 그림 등의 어원에 대해서 알아보면 글과 그림이 다르지 않다는 점과 영어권, 라틴, 중국의 고대인들이 다 같은 문자 발생 과정을 거쳤다는 사실을 알게 된다.

영어의 어원과 관련해서는 『오리진』이란 영어 학습 책이 도움이 된다. 부제가 '성공의 뿌리 오리진 - 운명을 바꾼 1%만이 알았던 인생 키워드 100'인데, 영어 단어의 어원에서 인생의 성공 키워드를 찾는다는 독특한 발상의 책이다. 예를 들어 'conquer'라는 단어는 'con(모두)'과 'quer(묻다)'가 합쳐진 말인데 오늘날 '정복하다'라는 뜻으로 쓰인다. 정복하려면 모두에게 물어야 한다는 뜻일 것이다.

영어의 어원은 대부분 라틴어이다. 그러다 보니 라틴어 사전 없이는 속 시원하게 어원을 알기가 어려울 때가 많다. 그런데 외국 책이나 고전 등을 읽다 보면 저자나 작가들이 우리가 많이 쓰는 영어의 어원을 밝혀줄 때가 꽤 있다. 예를 들어 은행을 뜻하는 'Bank'는 중세 시대 때 금융 기능을 담당하던 수도사들이 민간과 거래를 하던 곳이 수도원 앞에 공개된 벤치(Bench)였다는 사실에서 유래했다. 오늘날 은행 출납직원을 영어로 '텔러(Teller)'라고 하는데 어원은 고어로 'Teller('텔레르'라고 읽어야 한다)'이며 당시에는 '계산하다'라는 뜻이었음도 알게 된다.

한편 노동(Labor)은 원래 물건을 나르는 수레의 적재 단위를

재는 용어였는데 이것이 산업화 공장 시대를 맞으면서 오늘날 노동의 뜻이 되었다. 재미있는 용어가 또 있다. 당당한 여자로 통하는 커리어 우먼에서 커리어(Career)는 사실 수레가 지나가 자국으로 남은 길을 뜻하는 말이었다고 한다. 매니저(Manager, 중간 관리자)도 처음에는 사람 대상의 기업 관리자가 아니었다. 근세 전까지도 프랑스에서는 말을 관리하는 일을 매니지라고 했다고 한다. 언어에는 이렇게 과거로부터 전해져온 생생한 의미가 문신처럼 새겨져 있다.

수학의 인수분해처럼 영어를 분해해서 보는 파자 놀이도 재미있고 유용하다. 예를 들어 마케팅에서 많이 쓰는 '콘셉트(Concept)'는 '콘(Con-)'과 '셉트(-cept)'의 합성어인데 콘은 '모으다', 셉트는 '줄로 꿴다'는 뜻이고, 이의 파생어는 인터셉트(Inter-cept, 사이에 끼어듦), 디셉트(Decept, 속이다) 등이다. 그러고 보면 콘셉트가 우리말의 속담에 있는 '구슬이 서 말이라도 꿰어야 보배다'를 한 단어로 표기한 것임을 알 수 있다.

아는 만큼 보이는 상상력의 뿌리들

아는 만큼 보인다고 했다. 그리고 아는 만큼 즐길 수 있다.

스토리나 상징도 마찬가지다. 스타벅스 상징을 보고도 의미를 모르면 그냥 화투판 도상과 다를 것이 없으나, 알면 스타벅스의 문화와 스토리 전체가 파악된다.

인어공주는 안데르센이 창안한 스토리와 캐릭터가 아니다. 원래 북유럽 지방에서 전해지던 물의 정령 이야기가 기원이다. 인어공주 이야기의 직접적 기원이 되었을 '운디네(Undine)'는 16세기 철학자이자 의학자인 파라켈수스가 명명한 상상 속 캐릭터이다. 물결, 파도를 뜻하는 UNDA의 여성형 명사이다. 운디네는 자신의 사랑을 배신한 남자를 언니들과 함께 우물가로 유인해서 빠뜨려 죽인다. 한마디로 사나운 괴물인 것이다. 그러니 조니 뎁 주연의 영화 「캐리비안의 해적」에 나오는 인어들이 오히려 이런 원형에 더 가깝다고 봐야 할 것이다.

너무나 신비한 '천공의 성', 하늘에 신비하게 떠있는 성 이야기는 어떤가! 이는 아주 오랜 고대 신화에서 유래한 것인데 천공에서 떠있는 '생명의 나무'가 기원으로 보인다. 그 후 생명의 나무는 성으로 변조되는데 조나단 스위프트의 환상 소설 『걸리버 여행기』에는 라퓨타 성으로 나오며 후에는 미야자키 하야오의 애니메이션 「천공의 성 라퓨타」, 제임스 캐머런 감독의 영화 「아바타」에도 등장한다.

스토리도 찾아보자. 인류는 실로 어마어마한 이야기를 후대에 남겼다. 현재 우리가 활용해서 쓰는 이야기들은 아마 1퍼센트도 안 될 것이다. 판타지 영화 「토르」에는 천둥의 신 토르와 신들의 아버지 오딘, 생명의 나무 등을 다루는 북유럽 신화와 언어, 상징들이 많이 나온다. 근거 없는 이야기 구조가 아니라 뿌리가 있다.

미야자키 하야오 감독의 작품 중에 「하울의 움직이는 성」 모티프는 러시아 민담 '마녀 바바야가 할머니'에 나오는 움직이는 닭다리 오두막에서 기원했다. 그 오두막은 낮과 밤을 관장하는 바바야가 마녀가 살며 오두막의 밑에는 닭다리 같은 다리가 있어서 해에 맞춰 움직인다. 민담에는 소녀 바실리카가 나오는데 다른 설화에 자주 나오는 가엾은 소녀(신데렐라나 콩쥐) 테마와는 차별된다.

오늘날의 산타클로스는 어떤 기원을 기반으로 하고 있을까? 할아버지는 원래부터 뚱뚱하고 코가 빨갰을까? 아니다. 산타클로스 할아버지 이야기 기원은 핀란드 같은 북유럽 땅도 아니다. 그 기원은 오늘날의 터키에 해당하는 고대 소아시아 지방에 2세기 무렵 살던 키 크고 마른 몸매의 세인트 클라우스[13]에

---

13 성탄절에 나귀를 타고 동네 어린이들에게 먹을 것을 나누어주어 항해와 어린이의 수호성인으로 모셔졌다.

서 시작한 것이다. 18세기에 바다를 주름잡던 네덜란드 항해사 등을 통해 이 이야기가 미국의 동부로 전해졌고 뚱뚱한 몸매와 빨간 코, 루돌프 사슴은 이후 만화가와 일러스트레이터들이 개입해서 만들었다. 또한 붉은 옷과 흰 수염 등은 코카콜라가 추가로 변형시켰다.

나는 제주도로 생태여행을 갔었는데 인솔자가 한라산을 보면서 "할망, 저 왔수다"라고 인사하라고 말했다. 웃으면서 따라 하다 보니 제주도가 더욱 가깝게 느껴졌다. 설문대할망은 오백장군을 아들로 둔 제주도 창세신이다. 제주도에는 할머니 이야기가 많다. 이에 착안한 워딩 파워를 만들면 어떨까?

한국의 육지에는 이른바 창세신화라고 할 만한 것들이 없다. 단군신화는 건국신화이지 창세신화는 아니다. 그러나 제주도에는 창세신화가 전해져온다. 제주도엔 무려 1만8천 개의 신이 있어 신화의 섬이라고 하는데 정작 섬 사람이나 육지 사람이나 돌하르방만 말하지 그 풍부한 신화를 아는 이는 별로 없다. 제주도에는 특이한 신과 신화들이 많다. 설문대할망, 자청비, 가믄장 아기, 동자석 등을 활용하면 제주도의 콘텐츠가 훨씬 풍부해질 것이다.

이처럼 신화나 상징 그리고 설화 등을 찾다 보면 좋은 워딩 파워, 뿌리가 있는 실체 워딩 파워를 구사하고 응용력도 커진다.

몸이 기억하는
생각력 만들기
-그 밖의 방법 다섯 가지

나는 30대 후반에 골프를 시작했다. 골프를 처음 시작하는 사람들에게 코치들은 이런 말을 한다. "3년간 1천 시간 연습하는 것보다 세 달에 300시간을 하는 것이 더 낫다. 몸이 기억하기 때문이다. 몸이 기억할 만한 시간을 들여라." 머리를 중시하던 나에게는 아주 생소한 말이었는데 '몸이 기억할 만한 시간을 들이라'는 주문은 매우 큰 울림을 주었다.

옛이야기 중 한석봉과 어머니의 어둠 속 내기에서 볼 수 있듯이 어찌 보면 당연한 말이다. 이것은 사실 워딩 파워를 키우는 데도 꼭 필요한 조언이다. 앞에 나온 사례들을 다 외운다고 금세 워딩 파워가 좋아질 수는 없다. 워딩 파워를 몸이 기억하게 하는 것 또한 중요하다.

지금까지 제시한 생각력을 키우는 방법들이 전략에 해당한다면, 다음은 몸이 기억하는 생각력을 만드는 비교적 손쉬운 전술적 방법들이다.

깊게 읽어 상을 심기

세상에서 가장 가성비가 좋은 소비가 뭘까? 책을 사는 것이다. 책은 고대와 현재의 수많은 현자들, 엉뚱한 괴짜들, 발명가들의 지식이 녹아있다. 그래서 매우 경제적인 지적 트레이닝 수단이기도 하다.

워딩 파워를 키우는 데는 특정 주제의 책을 깊이 있게 읽는 방식이 도움이 된다. 그래야 머리가 자기 것으로 기억하고 또한 워딩 파워에 자기만의 스타일이 생기기 때문이다. 그러면 자신의 머리에 상(이미지 또는 콘셉트)이 만들어진다. 상이 생길 정도로 책을 읽는 것을 '상독(像讀, Reading to Imaging)'이라고 불러보자. 책을 폭 넓게 읽으면 이해력이 늘고 새로운 것에 개방적이 될 수는 있겠지만 강력한 워딩 파워를 키우기가 쉽지 않다.

요즘 검색 세대들은 책을 많이 읽지는 않지만 사실 꽤 박식하다. 포털 사이트에서 검색하면 쏟아져 나오는 무한한 정보의 바다가 바로 그들의 뇌이다. 그런데 아이러니하게도 그래서 상을 만드는 능력이 떨어진다. 쉽게 찾아볼 수 있는 검색은 어차피 상독이 아니기 때문이다. 무슨 말을 들으면 "어 이거, 언젠가 봤거나 들었던 건데"라고는 대답하는데 깊이 알지 못한다. 너무 많은 정보를 보고 외뇌(검색)를 애용하므로 상 기억력이 떨어지는 것이다. 너무 많은 것을 클릭, 스캐닝, 검색만 하기 때문이다. 그래서 그들이 쓴 기획서를 보면 깊이와 특색이 없다. 워딩 파워도 물론 약하다. 특급 배우들은 자기 역에 몰입하기 위해서 촬영 중에는 완전히 다른 인생을 산다. 그래야 연기가 자연스러워진다. 마찬가지로 뇌에 상이 심어질 정도로 몰입해야 그 주제에 대해서 자연스러워진다.

물론 한 우물만 파면 깊어지는 대신 좁아진다. 그러니 하나의 상이 심어졌다고 생각하면 과감하게 다음 주제로 넘어가는 유연함도 필요하다. 그러면 그 주제와 상을 중심으로 가지치기가 가능해진다. 나무가 커나가는 과정을 보라. 나무줄기가 일단 쑥 하나 올라가고 난 다음 가지치기를 하고 잎을 내며 결국엔 특정 공간을 덮을 만큼 꽃과 열매를 피우지 않던가.

앞서 언급한 이야기를 일부 부정해야겠다. 책을 읽기만 해서는 쓸모가 없다. 조선의 선비들은 평생 공부를 해도 하늘과 도만 모셨지, 정작 중요한 민중을 위한 실천을 등한시했다. 반면 조선 후기에 등장한 소수의 실학자들은 창조적인 생각과 이를 실제 행동(거중기, 균전제, 『자산어보』, 지도 등)으로 옮긴 선각자들이었다. 생각은 머리로 하는 것이 아니라 발로 하는 것이라는 말이 있듯 실제로 해보아야 생명을 얻는다.

우선 '생각 연결하기'를 해보자. 일본 소프트뱅크의 손정의 회장은 매일 아침 자사 제품들 중에 상관없는 두 가지를 서로 연결시켜보는 습관이 있다. 이는 은유적 사고의 기본인데 사실 누구나 할 수 있는 것이다. 마음과 호수를 연결한 시인은 불멸의 시구 "내 마음은 호수요, 그대 노 저어 오오"라는 명문을 탄생시켰다. 신제품도 관념상의 연결로 만들 수 있다. 김치와 냉장고를 연결해 딤채가 나왔다. 그전엔 고작 김치 하면 장독을 연상했었다. 그 회사는 또 발효와 과학을 연결시켜 발효과학이란 개념을 만들었다. 꽃과 지짐과 떡을 연결하니 모양도 아름다운 화전, 화병이 나왔다. 화채도 나왔다. 그렇다면 꽃과 밥을 연결해 화식(花食)이 만들어질 것이고 먹는 꽃도 나올 것이다.

이때 슬로건은 '아름다움을 먹습니다'가 어떨까.

아트(Art)는 원래 고대에는 기술(Tec.)과 같은 개념이었지만 중세를 넘어오면서 기술자와 예술가가 서로 분리됐다. 세월이 흐르면서 점점 예술가가 기술자를 깔보기 시작했다. 예술가의 끝에 붙는 '가(家)'와 기술자 뒤에 붙는 '자(者)'의 차이를 보라. 그런데 최근 기술자와 예술가가 연결되면서 아트 브랜드(Tecart, 테카르트)가 트렌드로 떠오르고 있다. UX, 콜래버레이션 브랜드가 그렇게 나왔다.

외식 사업과 컨설팅을 하는 '장루하'의 유지영 대표는 작명을 잘하는데 개념을 잘 잡고 이를 매우 창조적으로 생산해내기로 유명하다. 그녀가 홍대 앞에서 '돼지라 불리는 고양이'란 맞춤형 쿠키 전문점을 열었다. 나는 그 재미난 이름에 빠져 쿠키를 여러 번 샀다. 또한 가로수길에 장이 맛있는 한정식 집 '달 식탁'을 운영한다. 달 식탁이라 하니 태양의 식탁보다 몸에 편한 음식일 것 같고 달빛을 맞으며 조용히 숙성되는 아담한 장독들이 연상된다. 이태원에 고기 식당도 냈는데 이름이 '텅 앤 그루브(Tongue&Groove)'다. 혀 안에 리듬감, 대충 이런 뜻일 텐데 재밌는 이종 결합 워딩 파워이다.

책 밖의 세상에 관심 갖기

또 한 번 책을 조건부로 부정해야겠다. 책에서만 정보를 얻을 수는 없다. 세상은 너무나 넓고 기인이사들은 많다. 부처, 예수, 소크라테스 등 성인들이 책을 직접 쓰지 않은 것처럼 기인이사들이 다 책을 썼다고는 볼 수 없다. 책 밖의 세상을 좀 모방해보자. 중국의 쿵푸는 호랑이, 곰, 학, 뱀, 심지어 사마귀 같은 곤충까지 모방해서 만든 무술이다. 늘 위험에 처해있는 동물이나 곤충들이 인간보다 몸을 쓰는 것은 더 뛰어나기 때문이다. 한자는 상형 문자다. 형상을 모방했다는 뜻이다. 이처럼 사람은 기본적으로 모방의 동물이니 모방을 부끄러워할 필요는 없다. 월마트를 만든 월트 톰슨은 "내가 한 것은 다 베낀 것이다. 다만 완벽하게 베꼈을 뿐이다"라고 했다. 해 아래 새로운 것은 없다. 그러니 남의 것을 적극적으로 이용할 줄 알아야 한다. 단 자신만의 개성을 드러내면서 발전해야 떳떳할 수 있다.

제일기획 신입 사원 시절, 중앙일보 TV 광고를 제작하기 위해 중역들을 인터뷰한 적이 있었다. 그때 중앙경제 부사장님은 다른 경쟁 신문을 언급하면서 거기는 원로가 있는데 그들은 신문을 아는 사람들이라 당장은 이기기 어렵다고 말했다. '신문을 아는 사람들'이라는 표현은 전문가, 베테랑, 원로 등의 표현보다 훨씬 겸손하고 그러면서도 진짜 고수처럼 와닿았다. 그래서 언젠가 써먹으리라 작정을 하고 마음속에 그 말을 기억해두었다가 5년쯤 지났을 때 서울우유 경합 PT를 준비하는 과정에서 '우유를 아는 사람들'이라는 변형된 콘셉트를 내놓았다.

스티브 잡스가 스탠포드대학교 졸업 연설해서 했던 명언이라는 "Stay Hungry, Stay Foolish"는 원래 1970년대 컴퓨터 매거진의 표지에 있던 슬로건이었다. 베낀 것이지만 사람들은 그것을 스티브 잡스의 명언으로 기억한다. 스타트업과 기업가 정신의 전문가로 꼽히는 인도의 라슈미 반살이 써서 세계적으로 80만 부가 팔린 그녀의 첫 책 제목도 『Stay Hungry, Stay Foolish』였다. 그러니 부끄러울 것이 무엇인가.

멋진 문장에서 용어 바꾸기

자기가 만든 이야기라면 시대에 따라 변형하는 것도 일관성과 참신함에 있어서 좋다. 삼성전자는 산악 지형의 난통화 문제점을 보완하는 제품 개발에 주력했는데 1994년 10월부터 '애니콜'이라는 브랜드를 사용하기 시작했다. 애니콜은 '언제 어디서나 통화가 잘된다'라는 뜻인 데다 귀엽기도 해서 반응이 좋았다. 그 후 관계사인 삼성화재에서 애니카 서비스가 나왔다. 영리한 워딩 파워 전략이다. 그를 모방한 애니팡이라는 게임도 있다.

마이크로프로세서 칩을 만드는 인텔은 '인텔 인사이드' 캠페인을 오랫동안 펼쳤다. 보이지는 않아도 컴퓨터 안에 인텔의 기술이 있다는 광고였다. 2014년 인텔은 도시바와 함께 6부작의 광고 영화 「뷰티 인사이드」로 그것을 리모델링했다. 알렉스라는 남자가 자고 나면 얼굴이 완전히 바뀌는데, 여자는 그 바뀜에 지쳐가지만 아름다움은 알렉스의 내면에 있는 것이라고 생각하고 결국 알렉스를 받아들인다는 광고였다. '인사이드'로 연결감을 주면서도 느낌은 '인텔'과 '뷰티'처럼 사뭇 다르다. 이 광고로 인텔은 칸광고제에서 특별상을 받았고 한국에서는 영화화되기도 했다. 한 단어만 바뀌었을 뿐인데 발상이 완전히 달라진다. 머니 인사이드, 맘 인사이드, 퓨처 인사이드, 컬처 인사이드 등 얼마든지 파생이 가능하다.

명언을 활용하는 것도 방법이다. "노병은 죽지 않는다. 다만 사라져갈 뿐이다." 이 명언은 더글러스 맥아더 장군의 말이다. 한국전쟁에 대한 견해 차이와 항명을 문제 삼아 해리 트루먼 대통령은 그를 극동군 사령관 겸 유엔군 사령관의 직위에서 해임했는데 맥아더는 미 양원합동회의의 고별 연설에서 확전만

이 승리의 길이라는 것을 강조하면서 트루먼 대통령을 비판했다. 그런데 이때 남긴 이 말은 맥아더 장군의 창작품이 아니다. 원래는 미 육군 사관생도들이 부실한 급식을 꼬집으려고 불렀던 풍자 노래 가사의 일부였다. 그럼 우리도 이 명언을 다음처럼 활용할 수 있다.

- 남자는 죽지 않는다. 다만 우스워질 뿐 – 수명 100세 시대 자조 버전
- 희망은 없어지지 않는다. 다만 황혼에 올 뿐 – 희망 버전

자기의 천재성을 믿고 뻔뻔해지기

태도도 중요하다. 일본의 교세라나 일본 전산은 직원들을 뽑을 때 이력보다 태도를 더 중시하는 것으로 유명하다. 상도를 중요하게 여겨온 일본답게 태도를 중시하는 것이다. 영어를 잘하려면 얼굴에 철판 깔고 큰 소리로 읽어보고 문법에 맞지 않아도 일단 말을 걸어보는 뻔뻔함이 있어야 실력이 는다. 워딩 파워 만들기도 그렇다. 머릿속에 나름 멋진 개념이 있는데 '남들이 뭐라고 할까' 생각하며 자기 검열을 하다 보면 결국 그 워

딩 파워는 평가도 받아보지 못한 채 자가 방전되어 버린다. 10년 뒤를 생각하면 그것은 차라리 당장 비난이나 조롱을 받은 것보다도 훨씬 못한 것이다. '도덕적인 인간이 왜 나쁜 사회를 만드는가?'에 대한 답은 도덕적 인간은 남의 시선을 의식하기 때문이라는 것이다. 사회가 담배 피는 것을 혐오하면 그런 태도를 내재화하기 쉬운데, 자유를 무엇보다 중시하는 사람이라면 그것이 사회적 자유를 억누르는 길들이기임을 알고 반발해야 맞다. 남의 시선을 너무 의식할 필요 없다.

나는 기껏 책을 써놓고 몇 년째 서랍에 묵혀두고 있는 사람들을 여럿 봤다. 남들이 어떻게 볼지 두려운 것이다. 그러지 말고 당장 원고를 출판사로 보내라. 그리고 출판사 의견에도 기죽지 마라. 『바람과 함께 사라지다』나 『빨간 장화를 신은 고양이』 같은 걸작들은 사실 수십 번씩 출판사에서 거절당했던 뼈아픈 이력이 있다.

슈베르트는 자신이 존경하던 괴테의 시 「마왕」을 음악으로 작곡해서 괴테에게 보냈다가 무시를 당했다. 그래도 그는 얼굴에 뻔뻔함을 두르고 끝없이 자신의 곡을 알아달라고 해서 결국 명작을 세상에 내놓을 수 있었다. 내가 아는 30대 초반의 작가 J는 회사를 5년 다니다가 책을 쓰겠다고 작정하고 원고를 100군데 출판사에 보냈다. 아무 곳도 반응이 없었다. 그런데 한 출판사가 연락을 해서 친절하게 "당신은 글 재능이 없어요. 책 쓰지 마세요"라는 응답을 해주었다고 한다. 이럴 때 보통은 절망하겠지만 J는 물러서지 않았다. 자기계발 부문 베스트셀러들을 자기 책과 비교해보고는 확신을 가졌다. 그는 그 후 두 권의 책을 출간해서 무려 20만 부 판매고를 올리는 작가가 되었다. 내가 사람들의 비판을 받으면서도 만든 개념들을 예로 들면 이런 것들이다.

- 효율성, 효과성은 있는데 왜 효창성(效創性)은 없을까?
- 대중, 우중, 군중, 개중은 있는데 창중(創衆, Creative Mass)은 없을까?
- 수많은 뮤지엄이 있는데 맘 뮤지엄(Mom Museum)은 왜 없지?
- 웃음과 화해가 넘치는 클라운 타운(Clown Town)을 만들면 어떨까? 이현세 만화가의 영웅 까치 캐릭터를 이용해서 작가의 고향인 포항에 까치 타운을 만들면 어떨까?
- 폭풍의 언덕도 있으니 제주도 서귀포 폭풍의 화가 변시지 미술관이 있는 동네를 폭풍의 타운으로 만들면 어떨까? 그 타운에서는 폭풍의 레시피를 개발해서 팔고.
- 창(創) 앤드 창(窓)

다음은 해가 꽉 찼다는 뜻을 가진 경남 밀양의 도시 브랜딩 컨설팅을 하면서 만든 워딩 파워들이다.

- **태양 같은 사랑 vs 밀양 같은 사랑**(은근한 사랑의 뜻)
- **선더풀**(Sun+Wonderful, 최고로 원더풀하다는 뜻)

사소한 습관이나 태도가 워딩 파워를 키워준다. 이를 사소하다고 치부하지 말라. 히말라야 지도는 다 볼 수 있다. 그러나 실제로 히말라야를 가는 사람이 0.01퍼센트도 되지 않는 것은 당장 작은 산도 타지 않기 때문이다. 또 설사 산은 타도 히말라야는 감히 꿈꿀 생각조차 하지 않기 때문이다. 많은 사람들이 히말라야도 결국 산이라는 생각을 하지 못한다. 그러므로 작은 것부터 매일 실천해나가자. 도덕적 인간은 나쁜 사회를 만들고, 실천하는 인간은 생생한 사회를 만든다.

워딩 파워는 시대의 반영이며 길을 안내하는 등대이다. 과거에는 한국 대기업 창업자들의 워딩 파워들이 사회를 움직였다.

- 마누라와 자식만 **빼고 다 바꿔라** – 이건희
- 시련은 있어도 실패는 **없다** – 정주영
- **짧은 인생을 영원 소국에. 질대적 절망은 없다** – 바태준

하지만 지금은 상황이 달라졌다. 미국의 제프 베조스, 존 매키, 이본 쉬나드, 중국의 마윈, 런정페이 등의 경영진들은 귀감이 되는 말로 주목을 받고 있는 데 비해 한국의 비즈니스 거물

들한테서는 이렇다 할 어록이 나오지를 않는다. 시민들의 워딩 파워도 별반 다를 게 없다. 인스타그램은 그렇다 치더라도 트위터, 페이스북 등에서도 다시 읽어보고 싶어지는 글들을 찾아보기 힘들다.

워딩 파워는 풍부한 공부를 바탕으로 생각하는 힘, 심플한 콘셉트를 잡아내는 힘, 조화를 이루는 감각, 세상에 화살을 쏘는 홍(弘)의 용기 등이 어우러질 때 발휘된다. 생텍쥐페리는 "항해 산업을 일으키고 싶다면, 배 만드는 기술을 가르치기 전에 바다에 대한 동경을 심어줘라"고 했다. 그의 말을 빌린다면 워딩 파워는 바다에 대한 동경을 말하는 것이다. 1장에서 짚었듯 지금은 인기 위주의 사회고, 비주얼 시대고, 세일즈 시대고, 욕망이 넘치는 시대다. 그래서 이를 다 합쳐서 보면 내 전작의 제목처럼 '꿈꾸는 독종'이 탄생해야 하는 시대이다. 비주얼 시대는 직관과 감성적 사고를 넓힐 수 있는 기회고, 세일즈 시대는 자신의 제품을 만들어 직접 파는 흥분되는 시대고, 꿈꾸는 독종의 시대는 품격을 가질 수 있는 시대. 고차원 욕망도 마음껏 누릴 수 이 시대는 정말 멋진 시대 아닌가?

꿈을 이루기 위해서는 워딩 파워가 꼭 필요하다. 비주얼 능력만 갖추고서는 개념적인 사고가 힘들다. 세일즈만 잘하면 영리한 장사치일 뿐이다. 꿈꾸는 독종은 워딩 파워를 갖추면 2퍼센트 부족한 부분까지 채울 수 있다. 한국은 지금 양극화, 저성장, 국가 분열 상태 등으로 위기에 처했다. 또 하나, 우리가 각성해야 할 부분이 바로 워딩 파워의 약화다. 워딩 파워는 단순한 말이 아니라 등대이기 때문에 이것의 약화는 우리의 앞날이 잘 보이지 않는다는 뜻이기도 하다.

지금도 늦지 않았다. 이 책이 워딩 파워를 높이는 데 반딧불이 되기를 바라며 글을 마친다. 책을 읽는 모든 독자가 한국 워딩 파워의 등대이다. 부디 워딩 파워를 아는 사람들로 거듭나시기를!

Appendix

부록

5퍼센트를 위한
워딩 파워 버킷리스트

글로벌 브랜드들은 보편적 테마인 사랑, 승리, 영웅, 모험부터 최근에 인기를 누리는 테마인 환경과 공유 등을 가치로 삼으며 세계 시장을 상대로 성공을 거두어왔다. 그런 가치의 워딩 파워들을 올드 노멀(Old Normal) 시대의 클래식 가치라고 불러보자. 이는 인본주의 심리학자 A. 매슬로가 분류한 욕구 5단계와도 부합하는 것들이다. 이들은 여전히 훌륭한 가치이고 인류가 지켜가야 할 것들이지만 '기존의 테마는 글로벌 브랜드에 의해 많이 선점되었고, 지금 시대는 이른바 뉴 노멀 시대로 접어들고 있다는 점에서 새로운 대안은 없을까?'란 질문을 하게 만든다.

뉴 노멀 시대에 달라지는 가치들

뉴 노멀은 경제학에서 나온 용어인데 워딩 파워의 변화와도 밀접한 관계가 있다. 뉴 노멀은 세계 채권펀드 '핌코(PIMCO)'의 최고경영자 모하메드 앨 에리언이 처음 사용하면서 알려졌다. 그는 2008년 세계 금융 위기 이후 발간한 저서 『새로운 부의 탄생』에서 금융 위기를 기점으로 선진국뿐만 아니라 그동안 빠르게 성장하던 신흥국도 성장률이 둔화될 것이라면서 세계경제가 저성장, 저금리, 저물가, 고실업률, 규제 강화 등의 특징이 있는 뉴 노멀 시대에 돌입했다고 말했다. 세계 금융 위기 이전까지 꾸준하게 3퍼센트 이상의 성장을 해왔던 미국 등 선진국의 경제 질서를 일컬어 올드 노멀이라 한다. 그렇게 보면 미국 트럼프 정권은 지금 올드 노멀을 강화하려고 역행하고 있는 것이다.

경제 패러다임이 바뀌면 삶의 방식과 가치도 바뀐다. 우아하게 가난해지는 법(독일), 휘게(덴마크), 노멀 크러쉬, 비움과 내려놓기, 공동체, 나를 다시 돌여다보기 같은 새로운 가치 표현들에 사람들의 관심이 쏠리고 있는 것은 뉴 노멀 시대에 접어들었음을 잘 보여준다. 이 현상은 과연 잠시의 유행으로 끝날까? 금세 끓고 이내 식어버리고 마는 냄비 같지는 않을 전망이다. 특히나 선진국 경제를 강타할 AI 시대와 맞물리면 더더욱 자연

스럽고 꾸밈없는 인간적인 본질로 돌아가려는 현상으로 확대
될 가능성이 높다.

한국은 이제 세계를 상대로 움직이는 나라가 되었다. 국내뿐
아니라 글로벌 소사이어티에도 새로운 가치를 제시해야 하는
한국 기업에게는 뉴 노멀 시대의 새로운 대안이 필요하다.

1980년대 이후 태어난 밀레니엄 세대들에게 클래식, 올드
노멀은 무겁고 진부한 가치일지도 모른다. 아버지를 아빠라고
부르는 이 세대에게, 승리를 위해서 살라 하면 "그냥 평범하게
살면 안 돼요?", 사랑이 중요하다 하면 "즐기기만 하는 게 피차
편해요", 사회가 중요하다 하면 "나 혼자도 힘들거든요"처럼
간단명료하게 대꾸할 것이다. 그들은 일을 줄이고 소비를 줄이
고 당당하게 혼자 여행을 가거나 귀촌을 선택한다. 아직은 우
리 사회 5퍼센트 정도에 해당하는 소수에 불과하지만 변화는
이미 시작되었다.

이런 현상이 비단 밀레니엄 세대에게만 국한된 것은 아니다.
40~50대에 이 치열한 경쟁 세상에 회의를 느끼고 내려놓기를
하거나 떠나는 사람들도 늘고 있다. 충청남도 홍성군 홍동면은
인구 3천500명 중 귀농자만 무려 500명이 넘는다. 광고 사진작
가, 화장품 회사 직원, 출판사 사장 등 다양한 출신의 사람들이
시골을 찾은 것이다. 그들은 병원도 협동조합으로 운영하고 오

리 농법, 우렁이 농법 등을 테스트하며 진행 과정 및 결과를 공유한다. 협동조합만 40개, 공부를 포함한 각종 모임이 100개에 이른다. 그들은 "수입은 적지만 만족해요", "같이하는 공부가 즐거워요", "자연의 일부가 되는 것 같아요" 등 말들을 아무렇지 않게 펼쳐놓는다.

이들은 남을 움직이는 강력한 워딩 파워 욕망 이전에 자기 삶을 들여다보고 모두에게 올바른 것을 실천하려는 성향이 있다. 이 책의 주제인 세상을 움직이는 강력한 워딩 파워의 범주에서 보면 이들은 아직 난쟁이 이방인에 가까우나 조만간 큰 세력으로 떠오를 가능성이 높아 보인다.

무라카미 하루키에게 배우는 워딩 파워

1949년생 작가의 글이 아직도 5퍼센트의 젊은 세대에게까지 통한다면 글의 스타일이나 주제, 소재, 상징과 언어엔 뭔가가 있을 것이다. 무라카미 하루키는 70세를 바라보는 나이에도 식을 줄 모르는 인기를 누리고 있다. 다음은 그에 대해 평하는 한 글의 앞부분이다.

미국문학에서 방법론을 도입하여 쓰기 시작해, 주체와 공동주관[14]의 관계를 대상화하면서 '무라카미 월드'라고도 불리는 독립된 문학세계를 구축해가고 있다. 그의 문학의 큰 특징은 현실과 상상의 세계를 넘나드는 다양한 파노라마를 고독한 현대 젊은이의 욕구에 맞게 재구성하여 소프트한 문체로 담아낸다는 것이다. 그래서 독자들은 마치 아이스크림을 먹듯 편안하게 그의 소설을 즐길 수 있다. 독자들의 소설 소비 형태까지 바꾸어놓은 것이다. 하지만 다양한 상징 키워드는 난해하기 짝이 없다. 그의 소설은 일본을 벗어나 세계의 많은 독자의 가슴속에서 달콤하고 아련하고 잔잔한 감동의 작은 파문을 만든다. 강한 중독성을 갖고 있는 그의 소설은 유익한 마약이다. 그는 이미 세계가 주목하는 작가이다.

여기에서 뉴 노멀 시대에도 통할 가치어를 찾아보라.

- 공동주관
- 현실과 상상의 세계를 넘나드는

---

14 많은 주관 사이에서 서로 공동으로 인정하는 것이다. 예를 들어 눈에 피가 나는 것은 모두가 알 수 있으니 공동주관적이다. 반면 그 고통은 피를 흘리는 나만이 알 수 있어 주관적이다.

- 고독한 현대
- 아이스크림을 먹듯이 편안하게
- 달콤하고 아련하고 잔잔한
- 감동의 작은 파문, 먼 북소리
- 유익한 마약
- 여행: 평론 글에는 없지만 무라카미 하루키가 평생 지켜온 삶의 방식이다.

물론 이는 작가의 언어이다. 이것이 캠페인 워딩 파워로 되려면 약간의 변주가 필요할 것이다. 예를 들어 '유익한 마약'을 그대로 쓸 수는 없지 않은가. '천사의 독(Angel's Poison)' 정도로는 바꿔야 할 것이다.

북유럽 스타일에 주목하라

한때 유럽의 변방이었지만 점점 새로운 삶의 대안으로 전파되고 있는 북유럽 스타일. 『행복한 나라의 조건』은 행복의 조건을 찾아나선 네덜란드계 독일 여성인 마이케 반 덴 붐의 책으로 2015년 발간되자마자 독일 아마존 베스트셀러가 되었다. 그녀는 아이슬란드, 노르웨이, 핀란드, 덴마크, 스웨덴, 스위스, 캐나다, 룩셈부르크 등을 방문했는데 대부분 북유럽에 속해있거나 북유럽 문화와 연계성이 강한 나라들이다. 책에서는 각 나라마다의 독특한 행복한 조건을 소개한다.

- **아이슬란드: 누구에게나 넉넉하게**
- **노르웨이: 풍요롭고 겸손한**
- **덴마크: 이유가 있는 규제만 따른다**
- **스웨덴: 라곰**(넘치지도 부족하지도 않은)
- **스위스: 모든 사람에게 유익한 해결책**
- **핀란드와 캐나다: 자연과 단순한 삶**
- **룩셈부르크: 힘겹기 때문에 더 웃는**
- **파나마: 걱정하는 대신 춤을 춘다**

이 책에는 '칼리데스 후마나(Calidez Humana)'라는 코스타리카 언어가 나온다. 사람을 좋아하고, 진짜 인간관계에서 오는, 인간적인 온정 정도의 뜻이다.

이와 유사한 주제를 가진 책을 더 살펴보자. 덴마크 코펜하겐 행복연구소의 CEO로 있는 마이크 비킹이 쓴 『휘게 라이프』의 서문엔 다음과 같은 구절이 나온다.

휘게. 그것이 정확히 무엇인지 설명하는 일이야말로 정말 까다롭다. 지금까지 휘게는 여러 방식으로 설명되어 왔다. '친밀감을 자아내는 예술', '마음의 안락함', '짜증스런 일이 없는 상태', '마음을 편안하게 해주는 것들을 즐기는 일' 등…. 나는 그중에서도 '촛불 곁에서 마시는 핫 초콜릿 한 잔'이라는 비유를 좋아한다.

저자는 또한 본문에서 '휘게 10계명'을 소개한다.

① 분위기: 조명을 조금 어둡게 한다.

② 지금 이 순간: 현재에 충실한다. 휴대전화를 끈다.

③ 달콤한 음식: 커피, 초콜릿, 쿠키, 사탕을 더 먹는다.

④ 평등: 나보다는 우리. 뭔가를 함께하거나 TV를 같이 시청한다.

⑤ 감사: 만끽하라. 오늘이 인생 최고의 날인지 모른다.

⑥ 조화: 우리는 경쟁을 하고 있는 것이 아니다. 당신이 무엇을 했든 뽐낼 필요가 없다.

⑦ 편안함: 긴장을 풀고 휴식을 취한다.

⑧ 휴전: 감정 소모는 그만. 정치 이야기는 나중에 한다.

⑨ 화목: 추억에 관해 이야기를 나눔으로써 관계를 다진다.

"기억 나? 우리 전에….."

⑩ 보금자리: 이곳은 당신의 세계다. 평화롭고 안전한 장소다.

휘겔리한 그들은 과수원 체험, 바비큐 파티, 공공 텃밭, 바닷가 소풍, 카고 바이크(Cargo Bike), 보드 게임, 팬트리(Pantry, 작은 저장고) 파티, TV 시청, 건물 공용 계단 창에 작은 도서관 꾸미기, 쇠구슬 놀이, 모닥불 피우기, 야외 영화, 교환 파티, 썰매 타기 등을 즐긴다.

그러나 이렇게 살고 싶어도 정작 실천에 옮기기는 쉽지 않다. 돈이 많은 저커버그나 마윈, 이재용도 이렇게는 살지 못한다. 삶의 조건이 다르기 때문이다. 북유럽 국가를 비롯한 행복지수가 높은 나라는 세계에서 가장 많은 세금을 내며 영토 대비 인구도 지나치게 적고[15] 전쟁의 위험도 거의 없다. 100여 년 이상 치열한 노사 투쟁을 했던 나라이기도 하다. 학력은 높지만 교육비가 낮고 학력 경쟁도 없다. 물론 이면도 있다. 삶이 지루해서 자살률도 높고 아이들은 버릇이 없다(아르토 파실린나의 소설『기발한 자살 여행』을 보면 그런 느낌을 받는다).

---

[15] 노르웨이, 스웨덴, 핀란드, 덴마크, 스위스 5개국 인구를 다 합치면 3천500만이다. 캐나다는 유럽보다 넓지만 인구는 3천500만으로 1인당 자연 점유율이 세계 최고일 것이다.

지금 한국의 일부에서는 북유럽 삶을 대안으로 생각하며 휘게 라이프와 스타일을 추종하는 사람들이 늘고 있다. 꿈은 언젠가 이루어진다고 보면 휘게 라이프는 차기 워딩 파워의 훌륭한 버킷리스트가 된다.

김난도 교수가 이끄는 서울대학교 소비트렌드분석센터가 2018년 트렌드로 내놓은 워딩 파워인 소확행(작지만 확실한 행복), 가성비 대신 가심비(소비자에게 만족과 안정감을 주는 소비), 플라시보 소비, 워라밸(워크와 라이프의 밸런스), 언택트(비대면 접촉), 미닝 아웃(해시태그 등을 통해 자신의 뜻을 확실히 표현하는 것)을 비롯해서, 투우장의 소가 마지막 일전을 앞두고 잠시 숨을 고르는 작은 공간인 케렌시아에서 착안한 '나만의 케렌시아를 찾아라' 등도 밀레니엄 세대에게는 버킷리스트일 것이다. 물론 이들은 트렌드이다. 트렌드는 스칸디나비아에서 유래한 말로 원래는 '강의 물결'을 가리키며 긴 추세를 뜻하는데 어쨌든 1년 단위라도 누군가에게는 긴 시간이니 트렌드는 중요하다.

나는 개인이나 기업, 또는 지방자치 단체들이 이 버킷리스트를 놓치지 않기를 바란다. 그러나 당장은 아니다. 공정무역이 아무리 좋고 공존경제가 아무리 좋아도 전체 산업에서 차지하는 비중은 2퍼센트가 안 되는 것이 현실이다. 대중적으로 유효한 것은 95퍼센트 이상이 바라보는 세상의 가치와 그를 표현하는 워딩 파워들이라고 생각한다.

뉴 노멀 시대에 딱 맞는 말이 무엇인지는 아직 모른다. 그러나 위에 인용한 것들 중에 있을 것이라는 예감은 든다. 당신은 어떤가? 찾았다면 당신의 워딩 파워 버킷리스트에 담으라.

워딩 파워의 실제

20년 넘게 마케팅 기획, 도시 브랜딩이나 컨설팅 등에 몸담고 지내다 보니 어느덧 나만의 워딩 파워 사례가 좀 쌓였다. 브랜드 이름이나 프로젝트 이름 또는 슬로건과 공간 명칭, 도시 브랜딩, 인기 칼럼 헤드라인 뽑기 실험, SNS 글쓰기 등이 전설적인 사례들은 아니겠지만 왜 그런 워딩 파워를 만들었는지, 과연 효과는 어땠는지 알아두면 현장에서 움직일 때 조금은 도움이 될 것이다.

현장에서의 비즈니스 워딩 파워

나는 회사 안팎에서 모임 만들기를 즐기는 편이다. KT&G로 회사를 옮기고 나서 제일 먼저 만든 모임이 마케팅국 20여 명 직원을 대상으로 교육하고 발표하는 프로그램 '청개구리 토요학당'이었다. 공기업이었던 터라 대부분 문제만 안 만들면 된다는 소극적 사고에 젖어있는 것을 깨고 싶었고 또한 마케터들이 분석만 하는 것이 아니고 청개구리 발상을 해야 한다는 것을 각인시키기 위해서 정한 이름이다.

또한 마케팅 본부 부장 열두 명을 대상으로 '화부회의'를 만들었다. 기업에서 핵심은 부서의 장인 부장이다. 군대로 말하면 대령급이다. 원래 '화요일에 하는 부장회의'를 줄인 말이었지만 '화부'는 절에서 불을 때는 화부(火夫)의 뜻도 있기에 조직 변화의 불을 때는 부장들이라는 중의성이 있었다. 부장들에게 이 이름의 뜻을 설명해주니 허허 웃으며 일부는 조직에 불을 때는 화부(火夫)라는 뜻을 받들기를 쑥스러워했던 기억이 난다.

2004년엔 국제 유람선 두 대로 동해를 거쳐 러시아 블라디보스토크에서 공연 이벤트를 벌이는 '서태지와 상상체험단' 프로젝트를 기획했다. 원래 프로젝트 명은 '서태지와 희망 원정대'였는데 러시아 블라디보스토크의 관계자들이 원정이란 말을 들으면 분노할 것이라고 해서 이름을 바꿨다. 내가 깜빡 놓친 사항이었는데 회사가 '대한민국의 상상을 응원합니다'라고 슬로건을 걸었으니 상상체험단이 더 어울렸다. 프로젝트의 슬로건은 '경계를 넘어, 위대한 소리를 전하러(Cross the Border, Deliver the Great Sound)'로 정해 서태지 컴퍼니에서 제시했다.

프로젝트를 기념하여 이 슬로건이 새겨진 기념비가 블라디보스토크에서 차로 3시간 정도 떨어진 한인 최초 이주 마을 지신허에 세워졌다. 그 무렵 전사 차원에서 본사와 지역 직원들이 소통하는 프로그램을 시행했는데 나는 이를 '고 앤 토크(Go&Talk)'라고 작명했다. 그냥 부담 없이 쉽게 현장에 가서 이야기하자라는 뜻이었다. 여기서 방점은 '고'였다. 일단 가라.

2004년 말 서태지와 상상체험단을 끝내고 절반의 성공, 절반의 실패라는 소리를 들었다. 나는 오기가 나서 '온라인 상상마당'을 만들라고 고객관리부 담당 과장에게 지시를 했다. 이 과장은 정말 기대 이상의 열정으로 온라인 상상마당을 기획 운영했고 후에 홍대 앞 상상마당을 세울 기초까지 마련했다. 그리고 사장님이 대학생들이 자사를 선호하게 할 방법을 묻기에 '천인마학(千人Ma學)'이라는 프로그램을 제시했다. 회사가 대학생 중 1천 명의 마케팅 학도를 지원하자는 제안이었다.

그 뒤로 프로그램이 대행사로 넘어가면서 '마케팅 스쿨'과

'마케팅 리그'라는 이름으로 바뀌어 운영됐는데 이 이름들은 내가 지은 것은 아니다. 대신 마케팅 리그의 공모 주제를 '대한민국을 마케팅하라'라고 추천해줬다. 기존의 많은 공모전 주제와는 판이한 것이었다. 이때 책을 한 권 냈다. 『헤라 마케팅』인데 헤라(HERA)는 '세상에 다시 참여하기를 희망하는 활동적인 고학력 주부'의 뜻으로 Housewife, Educated, Reengaging, Active의 첫 글자를 따온 말이다. 내심 사회에 헤라라는 신조어를 만들어 전파하려고 했는데 불이 붙다가 말아버렸다.

그리고 2008년엔 북서울 영업 현장에 가서 대학생 동아리를 대상으로 '상콘 아카데미'를 만들었다. 상콘은 상상을 담는 콘테이너를 줄인 말이고 내가 맡은 특수 영업부의 비공식 명칭이기도 했다. 부서 슬로건은 '팝콘보다 튀는 상콘'이었다. 상콘 아카데미에서는 '문화는 나를 깊게 하고, 마케팅은 나를 날카롭게 한다'라는 슬로건 아래 매월 1회씩 문화 부문과 마케팅 부문으로 나눠서 강의를 열었다. 영업 활동을 하면서 홍대 앞 많은 예술가들과 만나게 되었고, 그러면서 문화의 힘을 알게 돼 문화마케팅 주제로 『컬처 파워』란 책을 출간했다. 2년 후 본사에서 다시 불러 본부에 '미래 팀'을 만들었다.

이상이 비즈니스 관련해서 내가 행해온 워딩 파워의 사례다. 기획만 하고 실행하지 못한 것으로는 너무 규모가 컸던 '실크로드와 희망 원정대' 그리고 시즌 이벤트로 기획한 '동지 하지 정(情) 프로젝트' 등이 있다.

2014년 퇴사하면서는 『틈 - 10년 단위 생각전략』이란 책을 출간했다. 1인 기업인이 된 후에는 열한 명이 같이 공익마케팅 협동조합 '퍼브23'을 만들어서 본업과 병행해서 활동 중인데 내 정식 직함은 '웃음 고문'이다. 협동조합이라고 하면 전사들의 집단처럼 보이는 것 같아서 의도적으로 만든 것이다. 팍팍한 세상, 웃으며 살자는 뜻을 담았다. 덕분에 나는 '아재 개그' 수준이지만 웃음을 줘야 하는 사람이 되었다.

눈높이를 맞춰라

기획서 제목이든 SNS 제목이든, 제목 뽑기는 다니엘 핑크도 말했듯 매우 중요한 워딩 파워이다. 그래서 혹시 도움이 될까 하는 마음에 내가 칼럼 제목을 뽑았던 사례를 나눈다.

나는 2008년부터 경제지 『머니투데이』에 「황부장의 마케팅 톡톡」에 이어 「황인선의 컬처 톡톡」을 8년 정도 연재했다. 나는 칼럼니스트로서 제 역할을 하기 위해 독자가 가장 많이 클릭하는 기사와 칼럼을 추려 필진 유명도, 본문과 제목 기준으로 나

뉘서 나름대로 분석해보았다. 그랬더니 일단 제목이 많은 것을 좌우한다는 사실을 알았다. 대체로 사람들은 성, 돈, 건강과 유명 특정인 공격 기사를 조회하는 비율이 높았다. 그래서 눈 딱 감고 써본 칼럼 제목이 '야동으로 인맥 관리하는 선배'였다. 예상대로였다. 1시간도 되지 않아 베스트 클릭 1위로 올라갔다. 그것도 2위와는 압도적인 차이로.

어느 날은 칼럼 마감 시간이 다가오는데 정말 소재가 떠오르지 않아 별 생각 없이 중학생 아들과 나누었던 대화에 대해 썼다. 제목은 '중학생 아들에게 물었다. 너는 하숙생이냐? 아들이냐?'였다. 그러고 나서 부끄러워서 신문 반응은 보지도 않았는데 지인들이 갑자기 메시지를 보내오기 시작했다. "칼럼 잘 봤어, 정말 우리 집 이야기 같더라"와 같은 내용들이었다. 심지어 신문사 담당 부장도 이 글을 퍼서 페이스북에 올렸고, 패러디 제목들도 네이버 글에서 보였다. 너는 하숙생이냐 남편이냐, 너는 하숙생이냐 딸이냐 등등.

그런데 나는 좋기보다는 오히려 허탈한 기분이 들었다. 끙끙거리며 공들여 쓴 칼럼들은 안 보고 이런 사소한 내용이 조회 1위(무려 27만 명이 조회를 했다)라니! 그 이유가 무엇인지 곰곰 생각하고 분석한 결과 '공감의 힘'이라는 결론을 얻었다. 이 땅의 부모라면 한번쯤은 고민했을 이야기를 콕 짚은 것이었다. 그다음 비결은 아마도 질문형 제목에 있다고 생각했다. 질문형은 다니엘 핑크가 여섯 개의 피치에서 두 번째로 짚었듯이 독자들의 궁금증과 관여도를 높이는 효과가 분명히 있다.

2014년 회사를 퇴사하면서 내 소회를 담은 글 제목이 '25년 만의 졸업'이었다. 이 칼럼도 조회 수는 꽤 높았고 SNS에서 공유도 많이 되었다. 끝을 의미하는 은퇴를 다시 시작을 암시하는 졸업이라고 은유적으로 표현한 것이 궁금증과 신선함을 유발했던 것 같다.

나는 머니투데이 칼럼을 졸업하고 현재는 언론사 출신들이 주요 필진인 논객닷컴 온라인 신문에서 월 1회「황인선의 컬처&마케팅」칼럼을 기고하고 있다. 여기 필진들은 인기에 연연하지 않고 정직하게 글을 쓰는 편이다. 2016년에는 논객닷컴이 네이버와 제휴되기 전이라 조회 수 자체는 아직 많지 않았지만 '마 부장을 해독하라'는 제목의 칼럼은 이 신문 창간 후 최고의 조회 수를 기록하기도 했다. 이 제목은 직장인의 적, 미생의 마 부장이 역시 흥미를 유발한 미끼였을 것이다.

많은 시행착오 끝에 나는 워딩 파워란 절대 자극적인 제목으로 만들어지지 않는다고 믿게 됐다. 독자하고 같은 눈높이에서 써야 한다. 그리고 새로움, 관점의 전환, 카타르시스가 있어야 한다. 그러면 독자가 공감한다.

2002년 이후 제안했던 비즈니스와 관련한 워딩 파워들을 정리하면 다음과 같다.

[프로젝트 명과 슬로건]

- 청개구리 토요학당
- 화부(火夫)회의
- 천인마학(千人Ma學)
- 실크로드 희망 원정대 프로젝트(미실행)
- 서태지와 상상체험단(원래는 희망 원정대. 그래서 두 척의 배 이름이 각각 희망호, 상상호였다. 슬로건은 서태지 컴퍼니에서 '경계를 넘어 위대한 소리를 전하러'로.)
- 온라인 상상마당
- 대한민국을 마케팅하라
- 상콘(상상을 담는 콘테이너)와 상콘 아카데미
- 문화는 나를 깊게 하고 마케팅은 나를 날카롭게 한다
- 앎. 꿈. 함의 3合 혁신파크(서울시 혁신파크 콘셉트)
- C-torytelling(커뮤니티와 스토리텔링의 합성어로 커뮤니티 베이스 스토리텔링이란 뜻)

[인기 칼럼, 책 제목]

- 황인선의 '마케팅 톡톡'

- 25년만의 졸업

- 너는 하숙생이냐, 아들이냐?

- 마 부장을 해독하라

- 야동으로 인맥 관리하는 선배

- 『헤라 (H.E.R.A) 마케팅』

- 『컬처 파워』

- 『틈』

- 폭풍의 화가 변시지 – 외로움 그 끝까지 가다(논객닷컴에 110 회 목표로 매일 연재 중. 국내 최초 시도의 그림 스토리텔링 북)

[도시 브랜딩 슬로건]

- 해맑은 상상, 밀양

- 윙크(W.I.N.K: Winter's Inviting Natureland Kangwondo 평창 올림 픽 맞이 강원도 슬로건)

- 토지, 사랑으로의 여행(경남 하동 악양 벨트 슬로건)

- 꿈꾸는 호수 극장, Beyond 극장(춘천 인형극장 네이밍 후보안)

생각 좀 하고 말해줄래?

1판 1쇄 발행 2018년 3월 13일

지은이 ┃ 황인선

발행인 ┃ 이심영
책임편집 ┃ 눈씨
마케팅 ┃ 푸른나래
디자인 ┃ 참디자인

발행처 ┃ 별글
주　소 ┃ 경기도 고양시 덕양구 오금로 7 305동 1404호(신원동)
전　화 ┃ 070-7655-5949　　**팩　스** ┃ 070-7614-3657
블로그 ┃ http://blog.naver.com/starrybook
등　록 ┃ 128-94-22091(2014년 1월 9일)

ISBN 979-11-86877-66-1 (03190)

이 도서의 국립중앙도서관 출판예정도서목록(CIP)은 서지정보유통지원시스템 홈페이지(http://seoji.nl.go.kr)와
국가자료 공동목록시스템(http://www.nl.go.kr/kolisnet)에서 이용하실 수 있습니다.
(CIP제어번호: CIP2018003661)

책값은 뒤표지에 있습니다. 잘못된 책은 바꾸어 드립니다.